Viaje al Español

1

VERSIÓN INTERNACIONAL

Libro del alumno

Santillana

Viaje al Español es un curso multimedia creado y producido conjuntamente por Radiotelevisión Española (RTVE) y la Universidad de Salamanca.

En la realización y producción del Curso ha participado el siguiente equipo:

Libros del autodidacto

Equipo de lingüistas de la Universidad de Salamanca:
Dr. Julio Borrego Nieto, Dr. Juan Felipe García Santos, Dr. José Gómez Asencio y Dr. Emilio Prieto de los Mozos, con la colaboración del profesor John Hyde.

Diseño:
Experimenta, S.L.

Maquetación:
Cuaderna S.C.; Jaime Agulló *(logo);* Álvaro García Pelayo *(fotografía de portada);* Departamento de Imagen Fija de los Servicios Informativos de TVE , TURESPAÑA, Cuaderna S.C. *(fotografías interiores);* Kiko Feria, Laura Lombardi, José Luis García Morán *(dibujos).*

Versión internacional del libro

Adaptación para uso en clase de los libros del autodidacto:
Equipo Español-Santillana.

Diseño de portada, composición y maquetación:
Equipo Santillana, Inge y Arved von der Ropp *(fotografía de portada).*

Casetes audio

Radio Nacional de España.
Dirección: Gonzalo Corella *(autodidactos),* Juan José Rubio *(versión internacional).*

Vídeos

Equipo de preparación de la base argumental:
Joaquín Oristrell, Yolanda García Serrano, Juan Luis Iborra.

Realizadores:
José Manuel Escudero (TVE) - *Unidades 1-26;* Julio Sánchez Andrada (TVE) - *Unidades 27-39;* Fernando Mateos (TVE) - *Unidades 40-65.*

Productor ejecutivo:
Íñigo Yrízar (TVE)

Coordinación general

Dr. Víctor García de la Concha (Universidad de Salamanca)

© 1991 de RTVE, Madrid y Universidad de Salamanca
© 1993 de Santillana, S.A., Madrid
Impreso en España
Talleres Gráficos Mateu Cromo, S.A.
Crta. de Pinto a Fuenlabrada, s/n. Pinto (Madrid)
ISBN: 84-294-3618-9
Depósito Legal: M. 8800-1993

Índice

Índice

Índice

Índice

Presentación

Viaje al Español es el resultado de la colaboración de diversas instituciones del Estado Español: los Ministerios de Asuntos Exteriores y de Cultura, Radio-Televisión Española y la Universidad de Salamanca. El Curso ha sido elaborado bajo los auspicios del Consejo de Europa, que lo ha integrado a su «Proyecto Lenguas Vivas».

OBJETIVOS DEL CURSO

Viaje al Español pretende mostrar y enseñar el uso auténtico de la lengua española en situaciones reales de comunicación, de acuerdo con las actividades que previsiblemente van a llevar a cabo sus usuarios potenciales. El progreso, pues, viene marcado por requisitos comunicativos, y no por la dificultad de las estructuras. El vocabulario se selecciona igualmente al hilo de esos requisitos. El enfoque metodológico es por tanto esencialmente funcional en el primer nivel, nocional-funcional en el segundo y nocional en el tercero.

Creados en un primer tiempo para autodidactos y en versión bilingüe, los materiales de **Viaje al Español** se han adaptado para el uso en el aula, con profesor. Esta nueva versión, llamada «internacional» por ser monolingüe, es la que tiene en sus manos. El nivel que se pretende alcanzar al final del Curso en la versión internacional va más allá del que el Consejo de Europa ha definido como «nivel umbral». Permite al estudiante satisfacer no sólo necesidades generales de comunicación, sino también desarrollar destrezas imprescindibles en el mundo en que se mueve, como la lectura, la escritura, la descodificación de imágenes, etc.

La variedad de lengua elegida para el aprendizaje activo es el español tal y como lo hablan las personas cultas, desposeído de toda marca estridente de edad, clase social o ubicación geográfica. No obstante, el hecho de que el Curso haya sido diseñado en España, y concretamente en la Universidad de Salamanca, justifica que las muestras reales de lengua ofrecidas respondan perfectamente a la *norma castellana* culta.

ESTRUCTURA DEL CURSO

El Curso, dividido en tres niveles en esta versión, consta para cada uno de un LIBRO DEL ALUMNO, un CUADERNO DE ACTIVIDADES, dos CASETES AUDIO, dos VÍDEOS (uno en el primer nivel) y un LIBRO DEL PROFESOR.

Cada nivel se estructura en unidades didácticas desarrolladas en cada uno de los soportes. Estos soportes –libro, cuaderno, casetes, vídeo– no se superponen sino que se complementan.

El Libro del alumno

Está estructurado en 13 (primer nivel) o 26 unidades (niveles 2 y 3). Cada unidad está dividida en 4 ó 6 módulos, seguidos de la transcripción de los diálogos del VÍDEO y de un resumen de los contenidos lingüísticos de la unidad. Al principio de cada módulo se enuncia en términos comunicativos lo que se va a aprender (por ejemplo: «presentarse») y se dan los exponentes lingüísticos apropiados. La agrupación de funciones por módulos se hace desde un enfoque situacional para que el alumno tenga sus necesidades lingüísticas básicas cubiertas al enfrentarse a una situación concreta. Esta presentación va acompañada de explicaciones de uso (tramas grises) y de brevísimas notas gramaticales (tramas azules). En estas últimas el alumno encontrará el símbolo ☞ que le remite al apartado correspondiente del *Rincón de la gramática*.

Presentación

A continuación, el alumno encontrará una serie de actividades de dinámica variada acompañadas de estos iconos:

 Actividad oral individual.

 Actividad auditiva (con casete) que requiere una respuesta oral.

 Actividad oral por parejas.

 Actividad auditiva (con casete) que requiere una respuesta escrita.

 Actividad oral en grupo.

 Actividad escrita.

En el nivel 1, el alumno encontrará dos *repasos* (en la Unidad 8 y en la Unidad 13). Estos *repasos* serán tres en los dos niveles siguientes, encontrándose el primero en la primera unidad del libro correspondiente. Este primer *repaso* recoge lo estudiado en el nivel anterior.

Al final del LIBRO, el alumno encontrará: un compendio gramatical titulado *El Rincón de la gramática;* la *transcripción de la CASETE A,* que recoge las actividades audio-orales del LIBRO DEL ALUMNO; un *glosario* clasificado por unidades, donde se recogen las palabras de nueva aparición.

El Cuaderno de actividades

La principal función del CUADERNO DE ACTIVIDADES es la explotación del VÍDEO. Cada unidad sigue la estructura de éste y ofrece actividades y ejercicios de pre y post visionado. Todas las actividades están precedidas de un icono como en el LIBRO DEL ALUMNO. Sólo hay uno propio del CUADERNO DE ACTIVIDADES:

 Actividad escrita sobre el VÍDEO.

Además de ser un instrumento al servicio del VÍDEO, el CUADERNO DE ACTIVIDADES da información cultural y presta atención al desarrollo de la destreza lectora y a la iniciación a la escritura.

Al final del CUADERNO DE ACTIVIDADES, el alumno encontrará: la *transcripción de la CASETE B,* que recoge las actividades auditivas del CUADERNO DE ACTIVIDADES; el *léxico del CUADERNO DE ACTIVIDADES* (palabras no presentadas en el LIBRO DEL ALUMNO), clasificado por unidades; un *mapa autonómico de España* donde están indicados los lugares por los que pasan los protagonistas del VÍDEO, y aquellos que se citan de forma relevante en el CUADERNO DE ACTIVIDADES.

Las Casetes audio

La CASETE A recoge los ejercicios del LIBRO. Aunque puede usarse en grupo, ha sido concebida para la ejercitación individual y permite a cada alumno reforzar los aspectos que más le interesen.

La CASETE B contiene las actividades del CUADERNO. Por las características de éstas, es un material idóneo para usar en clase con el profesor.

¡Buen ... Viaje al Español!

1 Soy Juan Serrano

Al final de esta unidad usted será capaz de identificarse, saludar, despedirse, llamar la atención de alguien y presentar a otras personas.

I

Soy Juan Serrano.

Somos Carmen y Juan.

Así se identifican las personas.

NOMBRES Y APELLIDOS ESPAÑOLES:

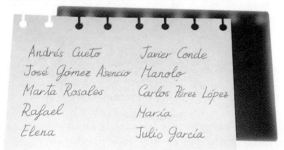

Andrés Cueto   Javier Conde
José Gómez Asencio   Manolo
Marta Rosales   Carlos Pérez López
Rafael   María
Elena   Julio García

Los españoles tienen dos apellidos. Para identificarse suelen usar el nombre y un apellido (formal) o sólo el nombre (menos formal).

Para identificarse se usa el verbo ser.

1.ª persona del singular: soy.

1.ª persona del plural: somos.

☞ 16,3   ☞ 20

1. Soy Juan Serrano

 1. Escuche y marque en la lista de la página anterior los nombres que oiga.

 2. Complete las frases oralmente.

Marta Rosales

1

Javier Conde y Julio García

2

Elena

3

Rafael y María

4

Julio García

5

II

¿Qué tal? / Buenos días.	*Así se saluda.*
Buenas tardes. / Buenas noches.	
Hola.	
Adiós. / Hasta luego.	*Así se despide usted.*

Buenos días.

Buenas tardes

Buenas noches

El uso de estos saludos depende de la parte del día:

Buenos días: hasta la comida (almuerzo).

Buenas tardes: hasta la noche

Buenas noches: hasta la hora de acostarse.

En cambio, Hola y ¿Qué tal? son saludos informales que usted puede usar en cualquier momento.

Hola puede combinarse con los demás saludos:

— Hola, ¿qué tal?

— Hola, buenos días.

Adiós y hasta luego son, en general, intercambiables. Pero es mejor usar adiós si la separación va a ser larga.

Hasta luego y adiós pueden usarse juntos:

— Adiós.

— Adiós, hasta luego.

Para saludar sin detenerse (por ejemplo, cuando dos personas se cruzan por la calle) usted puede usar cualquiera de las fórmulas que ha aprendido, sea de saludo sea de despedida.

 3. Escuche y numere los saludos y despedidas que oiga.

☐ Buenos días. ☐ Hola. ☐ Adiós.

☐ Buenas tardes. ☐ ¿Qué tal? ☐ Hasta luego.

☐ Buenas noches.

 4. Con un/a compañero/a, complete oralmente los saludos y despedidas de estos diálogos.

5. Con un/a compañero/a, complete oralmente con las fórmulas del ejercicio 3.

● ●

III

Oiga.
Por favor.
¡Oiga, por favor!
Perdón.

¿Sí?
Dígame.
Sí, dígame.

Así se llama la atención de alguien.

Y así se responde.

Perdón, por favor y oiga son fórmulas para llamar la atención, y se pueden usar solas o combinadas entre sí: oiga, por favor; perdón, por favor,... Las fórmulas para responder son: ¿sí? y dígame, y también pueden combinarse: ¿sí? dígame o sí, dígame.

6. Usted llama la atención de un/a compañero/a con alguna de las fórmulas aprendidas o con alguna combinación de las mismas. Su compañero/a le responde.

IV

Luis Cánovas.

Mi hermana.

Éste es mi novio.

Encantada.

Encantado.

¿Qué tal?

Así se presenta a alguien.

Y así se responde.

Para presentar a otra persona, basta con señalarla a la vez que se dice su nombre o la relación que se tiene con ella:

— Luis Cánovas… Mi hermana.

La fórmula ésta es … (y sus variantes) no es necesaria, pero aparece en ocasiones, sobre todo cuando en la presentación se menciona el tipo de relación:

— Éste es mi novio.

La respuesta encantado (hombre) o encantada (mujer) es más formal que la respuesta ¿qué tal? (hombre o mujer).

La fórmula para identificarse (soy Luis Cánovas) sirve también para presentarse. En este caso le responderán, como siempre, encantado, encantada o ¿qué tal?

— Soy Juan Serrano.

— Encantado.

 7. Escuche y repita. Luego, presente a dos compañeros/as.

 8. Usted va a oír cinco diálogos. Marque con una cruz los que corresponden a presentaciones.

1 ☐   2 ☐   3 ☐   4 ☐   5 ☐

9. Escuche y repita estas palabras.

hermano	mujer	padre	hijo	amigo	novio
hermana	marido	madre	hija	amiga	novia
		padres	hijos		

Éste	es	mi	herman**o**.
Ésta	es	mi	herman**a**.
Éstos	son	mis	herman**os**.
Éstas	son	mis	herman**as**. ☞ 1, 2, 3

mi	⌐ herman**o**
	⌐ herman**a**
mis	⌐ herman**os**
	⌐ herman**as** ☞ 1, 2, 3

éste	
ésta	**es**
ésto**s**	
ésta**s**	**son**

Verbo SER ☞ 14, 15

10. Mire esta foto familiar. Usted y algunos/as de sus compañeros/as son la familia Pérez-López. Hablen con los demás presentándose.

FAMILIA PÉREZ-LÓPEZ

TRANSCRIPCIÓN DE LOS DIÁLOGOS DEL VÍDEO

PRIMERA PARTE

Presentación

MEGAFONÍA: Tren situado en vía cinco *Viaje al español*.

PRESENTADOR: Por favor... ¡Oiga, por favor! Hola. Soy Luis Cánovas. Bienvenidos a *"Viaje al español"*.
AZAFATA: Perdón... Oiga... Oiga, por favor.
PRESENTADOR: ¿Sí? Dígame.
AZAFATA: Buenos días. Por favor, ¿*"Viaje al español"*?
PRESENTADOR: Sí, sí, buenos días. Hola. Soy Luis Cánovas.
AZAFATA: Encantada. Yo soy Marta Rosales.

PRESENTADOR: ¿Qué tal? Por aquí, por aquí.

Soy Luis Cánovas

Luis Cánovas

Telecomedia

EMPLEADO: Buenos días. Buenos días. Buenos días.
JUAN: Buenos días... ¡Días!
EMPLEADO: Buenos días... Buenos días.
JUAN: ¡Por favor!
EMPLEADO: ¿Sí? Sí, dígame.
JUAN: Oiga, por favor... Perdón... Perdón... Perdón, yo... Yo soy Juan Serrano. Encantado... Por favor... Oiga, por favor... Señorita, por favor... La puerta.

ANCIANITA 1: Buenos días.
JUAN: Hola.
ANCIANITA 2: Hola.
JUAN: Hola, buenos días. Perdón.
ANCIANITA 1: Hasta luego.
ANCIANITA 2: Hasta luego.
JUAN: Adiós.
ANCIANITAS 1 Y 2: ¡Ohhh!

SEGUNDA PARTE

Presentación

MARTA: Luis, Luis. Por favor.
PRESENTADOR: ¿Sí?
MARTA: Éste es mi novio.
NOVIO: Hola, ¿qué tal?
PRESENTADOR: Encantado.
MARTA: Bueno, hasta luego.
NOVIO: Adiós.
PRESENTADOR: Adiós, hasta luego. Hasta luego.

Telecomedia

JUAN: Hola, buenos días. Perdón... Yo soy Juan Serrano. Encantado.
CARMEN: ¿Qué tal? Yo soy Carmen Alonso.
CARMEN Y JUAN: Por favor.
CARMEN: ¡Oiga!, por favor.
JAVIER: ¡Hola, Carmen!
CARMEN: ¡Javier!
JAVIER: Ésta es Mercedes, mi mujer.
CARMEN: Yo soy Carmen, encantada. Éste es...
JUAN: Yo soy Juan Serrano. Encantado.
CARMEN: Javier Sandoval.
JAVIER: ¿Qué tal?
JUAN: Encantado.
JAVIER: Perdón.
MERCEDES: ¡Oiga!
JUAN: ¿Dígame?
CARMEN: ¿Qué tal?
MERCEDES: ¡Por favor!
JUAN: ¡Perdón!
JAVIER: ¿Qué tal?
JUAN: Adiós. Hasta luego. Por favor...
PRESENTADOR: Hasta luego.

1. Soy Juan Serrano

AHORA USTED YA PUEDE...

identificarse y presentarse:	Soy Juan Serrano.
	Somos Carmen y Juan.
saludar:	Buenos días.
	Buenas tardes.
	Buenas noches.
	Hola.
	¿Qué tal?
y despedirse:	Adiós.
	Hasta luego.
llamar la atención de alguien:	Oiga.
	Por favor.
	Perdón.
y responder:	¿Sí?
	Dígame.
presentar a alguien:	Luis Cánovas.
	Mi hermana.
	Éste es mi novio.
y responder a una presentación:	Encantado, -a.
	¿Qué tal?

2 Calle de Goya, 7

En esta unidad usted aprenderá a decir su nombre y su dirección, y ampliará sus posibilidades de entrar en contacto con otras personas.

I **Me llamo Luis Cánovas.**   *Así dice usted su nombre.*

— **¿Cómo se llama usted?**   *Así se pregunta el nombre de alguien.*

— **Luis Cánovas.**   *Y así se contesta.*

Para decir el nombre se usa el verbo llamarse:

(yo)	me llamo
(usted)	se llama
(el niño)	se llama

☞ 16.1, 16.2

2. Calle de Goya, 7

Existen en español dos formas de tratamiento para dirigirse a otra persona: usted y tú. Vamos a usar primero usted, que es la más formal. En la unidad 6 veremos, contrastadas, las dos formas.

1. Con un/a compañero/a, complete oralmente este diálogo.

A: Buenos días.
B: Hola. Buenos días.
A: Soy Alfonso Pérez. Y éste es mi hijo.
B: ¿… se llama?
A: ¿Yo? Me … Alfonso Pérez Muñoz.
B: No, usted no. ¿Cómo … llama el niño?
A: Ah, el niño. Se … Emilio.

el niño
la niña
los niños
las niñas
☞ 4

2. Cada persona escribe su nombre (real o inventado) en una tarjeta, que coloca en un lugar visible. Pregunte a un/a compañero/a su nombre o el de otro/a. Él/Ella responde.

3. Escuche y una cada nombre con sus apellidos.

NOMBRES	APELLIDOS
Carmen	Muñoz López
Juan	Pérez Martín
Óscar	Alonso Casaseca
Marta	Serrano Ribera

● ●

II

Vivo en Madrid.

Así se dice dónde se reside.

¿Dónde vive?

Y así se pregunta.

Se emplea el interrogativo dónde y las distintas formas del verbo vivir para preguntar el lugar de residencia. La respuesta comienza con la preposición en, y puede ser general (en Madrid) o más específica:

calle	en la calle de Alcalá
número	8
piso	tercero
puerta	derecha

0 cero			
1 uno	1.º primero, -a	6 seis	6.º sexto, -a
2 dos	2.º segundo, -a	7 siete	7.º séptimo, -a
3 tres	3.º tercero, -a	8 ocho	8.º octavo, -a
4 cuatro	4.º cuarto, -a	9 nueve	9.º noveno, -a
5 cinco	5.º quinto, -a	10 diez	10.º décimo, -a ☞ 9

4. Escuche y repita.

5. Escuche y una los nombres de las personas que hablan con sus direcciones.

Elena	Plaza Mayor, 5, 1º
Emilio Prieto	Calle de Málaga, número 8
Alfonso Muñoz	C/ Goya, 9, 4º derecha
Marta Pérez López	Pl. de América, 7, 7º izquierda

6. Vea las tarjetas y complete oralmente las frases.

José Gómez Asencio
Aribau, 4, 5º izda.
08001 Barcelona

Juan F. García Santos
Libreros, 6, 2º dcha.
28028 Madrid

Julia Nieto López
Ruiseñor, 5
Santa Marta
37191 Salamanca

Elena Serrano Díaz
Pl. de Santo Tomás, 5, 4º izda.
51002 Zamora

1. José Gómez ... en Barcelona. ... la ... Aribau.
2. Juan F. García Santos vive ... la calle Libreros, ... 6.
3. Julia Nieto ... en ... calle Ruiseñor, 5.
4. Elena Serrano vive ... Zamora. ... la ... de Santo Tomás, 5, cuarto piso, ...

PRONOMBRES PERSONALES

yo
usted - tú
él, ella
nosotros, nosotras
vosotros, vosotras
ellos, ellas ☞ 10

Verbo regular en -ir: VIVIR Presente		
(yo)	vivo
(tú)	vives
(usted) (él, ella)	vive
(nosotros, -as)	vivimos
(vosotros, -as)	vivís
(ustedes) (ellos, ellas)	viven ☞ 14

2. Calle de Goya, 7

7. Pregunte a sus compañeros/as dónde viven. Ellos/as contestarán.

8. Rellene con sus datos el impreso.

Para rellenar formularios y documentos le pueden preguntar el nombre y la dirección así: ¿Nombre?   ¿Apellidos?   ¿Dirección?

9. Escuche las preguntas y contéstelas con sus datos.

10. Mire las tarjetas del ejercicio 6. Elija una de ellas e imagine que usted es la persona de la tarjeta elegida. Escuche las preguntas y respóndalas con los datos de la tarjeta.

— ¿Está libre?	*Así se aborda un taxi.*
— Sí.	*Así se responde afirmativamente a una pregunta.*
— ¿A dónde vamos?	*Así pregunta el destino un taxista.*
— A la calle de Alcalá, 8.	*Y así se responde.*
— Gracias. Muchas gracias.	*Así se dan las gracias.*
— De nada.	*Y así se contesta.*

Observe que la respuesta afirmativa a una pregunta es sí. La negativa es no.

Para decir a dónde quiere ir, diga antes de la dirección la preposición a:

> **A** la calle Alcalá, 8. **Al** aeropuerto.

a + el = al

☞ 4

— ¡Cuidado! ¡Cuidado con el niño!	*Así se advierte de un peligro.*
— Perdón... Lo siento.	*Así se piden disculpas.*
— Nada, nada. No se preocupe.	*Y así se contesta.*

— Hasta mañana.	*Ésta es una forma más de despedirse.*

Si usted quiere despedirse de una persona aludiendo a cuándo espera volver a verla, use una fórmula con hasta:

> Hasta mañana.
> Hasta el lunes.
> Hasta el día 4.

LOS DÍAS DE LA SEMANA

JUNIO

Lunes	Martes	Miércoles	Jueves	Viernes	Sábado	Domingo
				1	2	3
4	5	6	7	8	9	10

 11. Escriba usted sobre el calendario los números que va a oír en el día de la semana que corresponda.

JUNIO

Lunes	Martes	Miércoles	Jueves	Viernes	Sábado	Domingo
11	12	13	14	15	16	17
18	19	20	21	22	23	24
25	26	27	28	29	30	

 12. Hoy es domingo, tres. En la grabación se despiden de usted varias personas. ¿Qué día piensan volver a verlo a usted? Señálelo con una cruz en el calendario de arriba.

 13. Mire el plano, escuche, y localice estos lugares. Escriba el número.

Aeropuerto: número ...
Estación: número ...
Hotel: número ...
Hospital: número ...

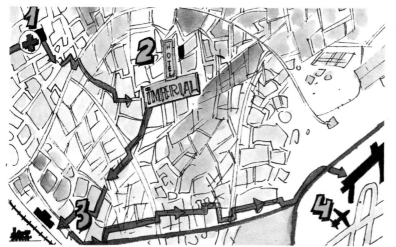

 14. Usted va del punto 1 del plano al punto 4, pasando por los puntos 2 y 3. En cada punto toma un taxi. Escuche y conteste al taxista.

TRANSCRIPCIÓN DE LOS DIÁLOGOS DEL VÍDEO

PRIMERA PARTE

Presentación

PRESENTADOR: Hola, buenos días...
SEÑORA: ¡Eh, cuidado!
PRESENTADOR: Lo siento, señora.
MOZO: Perdón, lo siento, señor.
PRESENTADOR: No se preocupe.
SEÑORA: ¿Está libre?
TAXISTA: Sí, sí.
SEÑORA: Uno, dos, tres, cuatro, cinco, seis... ¡Cuidado! ¡Cuidado!
PRESENTADOR: ¡Taxi!
SEÑORA: ¡Taxi! ¡Taxi! Oiga, por favor...
TAXISTA: ¿A dónde vamos?
SEÑORA: Al Hotel Imperial.
PRESENTADOR: ¡Taxi!

Telecomedia

CARMEN: ¡Óscar!
ÓSCAR: ¿Quién es?
CARMEN: ¡Ah! Éste es Juan Serrano.
ÓSCAR: Encantado. Yo soy Óscar.
JUAN: ¿Qué tal?
CARMEN: Muchas gracias.
JUAN: De nada. Adiós.
ÓSCAR: Adiós.
JUAN: Oiga. Oiga.
EMPLEADO: ¡Cuidado!
JUAN: ¿Está libre?
TAXISTA: Sí. ¿A dónde vamos? ¡Oh, no! Uno, dos, tres, cuatro, cinco, seis.
JUAN: Lo siento.
TAXISTA: No se preocupe.

SEGUNDA PARTE

Presentación

DEPENDIENTE: ¿Cómo se llama usted?
PRESENTADOR: Luis Cánovas.
DEPENDIENTE: ¿Dónde vive?
PRESENTADOR: En Madrid. Y usted, ¿cómo se llama? ¿y dónde vive?
DEPENDIENTE: ¿Dirección?
PRESENTADOR: Calle Alcalá, 8, segundo izquierda.
DEPENDIENTE: Gracias.
PRESENTADOR: De nada. Bueno, hasta el lunes.
DEPENDIENTE: Sí, sí, hasta el lunes.
PRESENTADOR: Uno, dos, tres, cuatro, cinco, seis, siete, ocho, nueve, diez...

Telecomedia

CARMEN: ¡Cuidado!
GUARDIA: Buenos días.
ÓSCAR: Perdón, lo siento.
GUARDIA: Documentación. ¿Nombre?
ÓSCAR: ¿Perdón?
GUARDIA: ¿Cómo se llama usted?
ÓSCAR: Óscar Muñoz López.
GUARDIA: ¿Dirección?
ÓSCAR: Calle Alfonso X, 7, primero derecha.
JUAN: ¡Oiga, por favor!
CARMEN: ¿Sí?
JUAN: Perdón... mi maletín.
ÓSCAR: ¿Es éste?
JUAN: Sí, sí. Es éste.
ÓSCAR: Perdón, yo no...
CARMEN: Ay, lo siento.
JUAN: Nada, nada, no se preocupen. Adiós.
ÓSCAR: Adiós.
CARMEN: Hasta mañana.
ÓSCAR: Hasta mañana.
TAXISTA: ¿A dónde vamos ahora?
JUAN: A la calle Goya.
TAXISTA: Ésta es la calle Goya.
JUAN: Vamos al número 7.
TAXISTA: Éste es el número 7.
JUAN: ¡Ah!
PRESENTADOR: ¡Adiós!

2. Calle de Goya, 7

AHORA USTED YA PUEDE...

decir cómo se llama:	Me llamo Luis Cánovas.
y preguntar a otra persona cómo se llama:	¿Cómo se llama usted?
decir dónde vive usted y dar su dirección:	Vivo en Madrid. Vivo en la calle de Alcalá, 8, 3º derecha.
y preguntar a otra persona dónde vive:	¿Dónde vive usted?
contestar preguntas para rellenar un formulario con su nombre completo y dirección:	¿Nombre? ¿Apellidos? ¿Dirección?
abordar un taxi:	¿Está libre?
contestar a un taxista cuando le pregunta el destino:	— ¿A dónde vamos? — Al aeropuerto.
contestar afirmativa o negativamente a una pregunta:	Sí. No.
dar las gracias y responder:	— Gracias. — De nada.
advertir de un peligro:	¡Cuidado! ¡Cuidado con el perro!
pedir disculpas y aceptarlas:	— Perdón... Lo siento. — Nada, nada. No se preocupe.
despedirse aludiendo al reencuentro:	Hasta mañana. Hasta el lunes.

3 ¿Dónde está?

Al final de esta unidad usted será capaz de localizar personas y cosas, y de preguntar si una persona está en un lugar. Continuará también ampliando sus posibilidades de establecer contactos.

I

— **¿Dónde están mis gafas?**   *Así se pregunta por la localización.*

— **¿Dónde está el jefe?**

— **¿Dónde está Madrid?**

— **Ahí, en la mesa.**   *Y así se puede responder.*

— **En la oficina.**

— **En España.**

Para preguntar por la localización se usa dónde y la forma oportuna del verbo estar. En la respuesta, se usa también el verbo estar y la preposición en:

— ¿Dónde está Berlín?

— Está en Alemania.

— ¿Dónde están Luis y la secretaria?

— Están en la oficina.

Se usa la preposición en tanto para decir que una cosa está encima de otra como para indicar que está dentro:

— El sobre está en la silla.

— Las monedas están en el sobre.

3. ¿Dónde está?

 1. Pregunte a un/a compañero/a dónde están estas ciudades. Él/Ella le contestan.

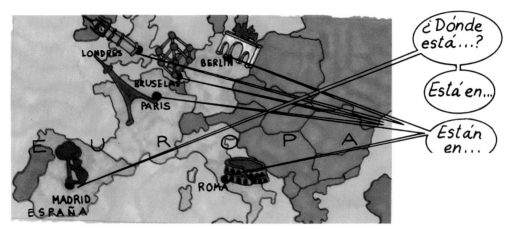

 2. Complete oralmente los diálogos con un/a compañero/a. Usen una sola palabra por frase.

1.— ¿... están mis gafas?
— Ahí, ... la mesa.

2.— ¿... está la moto?
— ... la calle.

3.— ¿Dónde ... el sobre?
— ... el cajón.

4.— ¿Dónde ... Madrid y Sevilla?
— ... en España.

5.— ¿Dónde ... Roma y Berlín?
— Roma y Berlín ... en Europa.

6.— ¿Dónde ... Londres y París?
— ... Europa.

El español divide el espacio en tres ámbitos: el más próximo al hablante: aquí; el intermedio o el próximo al interlocutor: ahí, y el alejado al lugar que ocupa el hablante: allí.

Con aquí, ahí, allí, no se puede usar en.

 3. Pregunte por distintos/as compañeros/as u objetos. Un/a compañero/a le contestará con aquí, ahí, allí.

MODELO: A: ¿Dónde está el profesor?
B: El profesor está ahí.

SER	ESTAR
soy	estoy
eres	estás
es	está
somos	estamos
sois	estáis
son	están
	☞ 13, 16

El español usa dos verbos, ser y estar, donde otras lenguas utilizan sólo uno. Hasta el momento conoce usted estos usos:

– para identificarse, presentarse a sí mismo y presentar a otros → ser:

　　Soy Luis Cánovas.

– para indicar la localización → estar:

　　Luis está en la calle.

☞ 20

4. Los personajes de los dibujos se identifican, se presentan o presentan a otros, y dicen dónde están. Complete oralmente las frases.

1

2

3

4

- — **¿Está el señor Escudero?** — *Así se pregunta por una persona.*
- — **Sí, sí está. / No, no está.** — *Así le contestarán.*
- — **Sí, un momento por favor.** — *Así le pedirán que espere.*

Para preguntar por una persona se utiliza el verbo estar:

　　¿Están Ricardo y Carmen?

　　¿Está la señorita Barrio?

3. ¿Dónde está?

TRATAMIENTOS:

señor Ibarra

señora Mauri   señor, señora, señorita + apellido

señorita Barrio

don Julio
                          don, doña + nombre
doña Ana

doctor López   profesión + apellido

¿Está el doctor López?

Respuestas posibles:

• Afirmativa: Sí, sí está.   • Negativa: No, no está.

En esta situación es frecuente que le pidan que espere:

Un momento, por favor.

5. No todas las personas están en la sala de reuniones. Pregunte a su compañero/a por cada una de ellas. Él/Ella le contestará.

MODELO: A: ¿Está el señor Ibarra?

B: Sí, sí está.

señor Ibarra	señora Alonso
señorita García	don Roberto Mauri
don Julio Nieto	doña María Prado

Las preguntas en español, como en otras lenguas, requieren una entonación especial. Aunque no sea imprescindible, también implican, normalmente, un cambio de orden en las palabras:

El director está en la oficina.

¿Está **el director** en la oficina?   ¿Dónde está **el director**?

Los signos de interrogación se escriben al principio y al final de la pregunta: ¿...?

¿Está el doctor García**?**

6. Escuche estas frases y ponga los signos de interrogación en las que sean preguntas.

Carmen está en la oficina   Juan está aquí

Dónde está el baño   Está Carmen en la oficina

Está aquí Juan   El baño está allí

7. Algunas de estas frases no dicen la verdad. Transfórmelas con «no» para hacerlas verdaderas.

Para negar, se dice no delante del verbo:

Juan está aquí. – Juan **no** está aquí.

1. París está en España.
2. Carmen es un niño.
3. Londres está en Europa.
4. El señor Cánovas se llama Luis.
5. El segundo día de la semana es el domingo.

● ●

III

— **¿Es usted el señor García?**

Así se le pregunta a alguien si es la persona que buscamos.

— **Sí, soy yo. / No, no.**
— **No. Soy Luis Cánovas.**

Y así se contesta.

Note que para preguntar por una persona se usa el verbo estar:

¿Está la señorita Barrio?

En cambio, para preguntarle a alguien si es la persona que buscamos, se usa el verbo ser:

¿Es usted la señorita Barrio?

8. Complete los diálogos con sus compañeros/as.

1. Una joven entra en un edificio de oficinas porque quiere ver al señor Prado. Se acerca a un conserje y pregunta por él.

    JOVEN: Por favor, ¿... el señor Prado?
    CONSERJE: Sí, sí...

2. El conserje le señala un grupo de personas donde cree que está el señor Prado y la joven se dirige hacia ellos. Allí le pregunta a un caballero.

    JOVEN: ¿... usted el señor Prado?
    CABALLERO: No, no ... yo. El señor Prado ... allí.
    JOVEN: Gracias.

3. La joven, que parece tener mucha prisa, se dirige hacia la persona que le ha indicado el caballero.

    JOVEN: Perdón, ¿... usted el señor Prado?
    SEÑOR PRADO: Sí, sí, ... yo. Dígame.

4. La joven le pregunta nerviosa.

> JOVEN: ¿... aquí su mujer?
>
> SEÑOR PRADO: No, mi mujer no ... aquí. ... en la oficina.

5. La joven echa a correr hacia la salida al oír al señor Prado, quien lógicamente queda sorprendido. Pero cuando se repone de la sorpresa...

> SEÑOR PRADO: ¡Oiga, oiga! ¿... se llama usted?

Pero la joven ya ha desaparecido.

● ●

IV

— **¿Se puede?**   *Así se pide permiso para entrar en un lugar.*

— **¡Pase! ¡Adelante!**   *Y así se contesta.*

Retenga estas nuevas fórmulas de relación social.

Para pedir permiso para entrar en un lugar, usted dirá:

> ¿Se puede?

A lo que se contesta diciendo:

> ¡Pase! / ¡Adelante! / ¡Pase, adelante!

Para atenderle le preguntarán:

> ¿Qué desea?

Con la fórmula espere un momento, o simplemente un momento, se le pide a alguien que espere.

9. Dramatice con sus compañeros/as situaciones donde pueda utilizar: ¿Se puede? - ¡Pase!/¡Adelante! - ¿Qué desea? - Espere un momento, por favor.

10. Escuche y tache en el cartón los números que oiga.

11	12	13	14
once	doce	trece	catorce

15	16	17
quince	dieciséis	diecisiete

18	19	20
dieciocho	diecinueve	veinte

1.000	2.000	11.000
mil	dos mil	once mil

11. Va usted a oír algunos números. Escríbalos en su cuaderno tras escucharlos y oír cada señal.

3. ¿Dónde está?

TRANSCRIPCIÓN DE LOS DIÁLOGOS DEL VÍDEO

PRIMERA PARTE

Presentación

PRESENTADOR: Hola, buenos días. Un momento, por favor. Hasta luego.

SEÑORA: ¡Huy! ¿Qué desea?

PRESENTADOR: ¿Está el señor Escudero?

SEÑORA: ¿Qué?

PRESENTADOR: ¡El señor Escudero!

SEÑORA: Huy, perdón. ¿Qué desea?

PRESENTADOR: ¿El señor Escudero, por favor?

SEÑORA: Huy, no, no está.

PRESENTADOR: ¿Y la señorita Barrio?

SEÑORA: ¿La señorita Barrio? Espere un momento. ¿Es usted el señor García?

PRESENTADOR: No, soy Luis Cánovas.

SEÑORA: ¡Huy! ¿Luis Cánovas? Pues no, no, no... la señorita Barrio, no está aquí.

PRESENTADOR: Gracias. ¡Cuidado!

SEÑORA: Perdone, lo siento.

PRESENTADOR: Nada, nada. No se preocupe.

SEÑORA: Adiós, hasta luego.

Telecomedia

TÉCNICO SONIDO: Buenos días, Carmen.

CARMEN: Hola, buenos días.

TÉCNICO SONIDO: Roberto Mauri. Carmen Alonso. ¡Carmen Alonso!

AYUDANTE: Ah... encantado.

CARMEN: Encantada.

TÉCNICO SONIDO: Adiós. Hasta luego.

CARMEN: Hasta luego.

JOVEN: Buenos días. ¿Qué desea?

JUAN: Buenos días. ¿Está el señor Ibarra?

JOVEN: Un momento, por favor. ¿Diego Ibarra?

JUAN: Sí, sí.

JOVEN: Espere un momento. Por favor, ¿está Diego Ibarra? Un momento. ¿Es usted Juan Serrano?

JUAN: Sí, soy yo.

JOVEN: Sí, sí. De acuerdo. Tercer piso.

JUAN: Muchas gracias.

DIEGO: ¿Está Ricardo? Un momento. No, no está. Soy Diego. Sí, un momento, por favor. Sí, sí...

CARMEN: Buenos días.

SECRETARIA: Hola, ¿qué tal?

DIEGO: Sí, sí, sí...

SEGUNDA PARTE

Presentación

PRESENTADOR: ¿Se puede?

SECRETARIA: Pase, ¡adelante! ¡adelante! ¡adelante!

PRESENTADOR: Buenos días.

SECRETARIA: ¿Dónde están mis gafas?

PRESENTADOR: ¿Dónde están sus gafas?

SECRETARIA: Sí, mis gafas.

PRESENTADOR: En...

SECRETARIA: ¡Ah! ¿Aquí? Gracias. Ah, es usted Luis Cánovas. Un momento, por favor. ¿Dónde está el sobre?... ¿Dónde está el sobre?... Ah, sí, está allí. 16, 4, 18, 20. Mil, dos mil, tres mil, cuatro mil, cinco mil. Diez mil y quince mil.

PRESENTADOR: Gracias.

SECRETARIA: De nada.

PRESENTADOR: Doce mil, trece mil, catorce mil, quince mil. Hasta luego.

Telecomedia

DIEGO: Adiós. Hasta el lunes. Hasta luego.

JUAN: ¿Se puede?

DIEGO: Adelante. ¿Qué desea?

JUAN: Soy Juan Serrano.

DIEGO: ¡Ah! ¿El profesor Juan Serrano?

JUAN: Sí.

DIEGO: Pase, profesor. Yo soy Diego Ibarra. ¿Dónde está el sobre del profesor?

SECRETARIA: Aquí.

DIEGO: ¿Y las fotos?

SECRETARIA: Están allí.

DIEGO: ¿Dónde está Carmen?

SECRETARIA: Allí.

DIEGO: Espere un momento, por favor.

SECRETARIA: Diez, once, doce, trece, catorce, quince...

JUAN: ¡Por favor!

SECRETARIA: Sí, dígame, profesor.

JUAN: ¿Dónde está el baño?

SECRETARIA: Allí.

JUAN: Gracias.

DIEGO: ¿Y el profesor?

SECRETARIA: Está en el... Aquí está el profesor.

DIEGO: Ésta es...

JUAN: Carmen Alonso.

DIEGO: Y éste es...

CARMEN: ¡Juan Serrano!

SEÑORA: Lo siento.

PRESENTADOR: No se preocupe. Hasta luego.

3. ¿Dónde está?

 AHORA USTED YA PUEDE...

preguntar por la localización:	¿Dónde están mis gafas?
y responder:	En la mesa.
	Están aquí.
indicar la localización:	Madrid está en España.
preguntar si está una persona:	¿Está la señorita Barrio?
y responder:	Sí, sí está.
	No, no está.
pedir a alguien que espere:	Espere un momento.
preguntar a alguien si es la persona que busca:	¿Es usted el señor García?
y responder:	Sí, soy yo.
	No, no soy yo.
pedir permiso para entrar:	¿Se puede?
y responder:	¡Pase! ¡Adelante!

4 ¿De quién es?

Al final de esta unidad usted será capaz de preguntar cómo se escriben las palabras, de hablar de la identidad del poseedor de algo, y de pedir cosas diversas en diferentes situaciones y lugares.

I

— **¿De quién es esta maleta?**

— **¿Es suyo este coche?**

Así se pregunta de quién es una cosa.

— **Es mía.**

— **Es del señor Cánovas.**

— **No, no es mío. Es suyo.**

Y así se responde.

— **Esa maleta es mía.**

— **Ése es tu coche.**

Así se indica de quién es una cosa.

a + el = al	¡Al aeropuerto, por favor!	
de + el = del	Es del señor Cánovas.	☞ 4

4. ¿De quién es?

Para preguntar por el poseedor de algo use de quién y la forma oportuna del verbo ser:

¿De quién es esta maleta?

¿De quién son estos libros?

Puede indicarse la posesión usando ser y la preposición de:

Esa maleta es de Luis Cánovas.

o usando los posesivos mi, su, mío, nuestro, suyo, suyos, etc.

Ésta es mi maleta.

Ese libro es mío.

Los billetes son suyos.

☞ 6

1. ¿Verdadero o falso? Mire los dibujos anteriores y marque.

1. V F   2. V F   3. V F   4. V F

2. Mire los dibujos, escuche y responda a las preguntas.

MODELO: CASETE: ¿De quién es la chaqueta?

USTED: Es de Julio.

Julio   Rafael   Elena   Marta

3. Conteste según el modelo.

MODELO: yo - libros ⟶ mis libros

ustedes - hotel ⟶ su hotel

1. nosotros - casas
2. usted - gafas
3. él - chaqueta
4. yo - billetes

5. ellos - coches
6. ustedes - bolígrafo
7. ellas - maletas
8. usted - libro

4. Conteste según el modelo.

MODELO: yo - libros ⟶ Los libros son míos.

ustedes - hotel ⟶ El hotel es suyo.

1. usted - gafas
2. ella - libros
3. yo - coche
4. nosotras - billetes

5. ellas - bolígrafo
6. él - chaqueta
7. ustedes - casas
8. yo - abrigo

5. Complete oralmente con un/a compañero/a.

este coche
ese coche
aquel coche

☞ 5

Los demostrativos este, ese, aquel se usan para señalar las cosas o las personas. Recuerde que el español divide el espacio en tres ámbitos:

— cerca del hablante: este - aquí
— lejos del hablante: aquel - allí
— en una zona intermedia o próxima al oyente: ese - ahí

Este, ese, aquel pueden aparecer seguidos de un nombre: Esas gafas son de la secretaria o sin él. En este caso se pronuncian lo mismo, pero suelen escribirse con acento:

—¿Esas gafas?
— Sí, ésas.

6. Mire el dibujo. Usted es la persona que aparece en él. Refiérase a los objetos que aparecen usando este, ese o aquel en la forma apropiada.

 7. Identifique a sus compañeros/as usando este, ese o aquel.

MODELO: Éste es Felipe. Ésa es Ana.

Aquéllos son Carlos y Juan.

 8. Hoy usted está de mal humor. Indique qué objetos quiere que le acerquen sus compañeros/as.

MODELO: ¡Ese bolígrafo!

II **Cánovas se escribe con uve.**

Así se dice cómo se escribe una palabra.

¿Cómo se escribe Cánovas?

Y así se pregunta.

No es frecuente en español deletrear las palabras. La pregunta habitual ante una palabra extraña es: ¿Cómo se escribe?
Para responder, es normal escribirla y mostrarla al tiempo que se dice: así.

 9. Escuche y conteste a las preguntas con sus propios datos.

4. ¿De quién es?

Algunas letras presentan problemas ortográficos. Por ejemplo, "b" y "v", que suenan lo mismo, o "h", que no suena en absoluto. En estos casos, pregunta y respuesta se formulan así:

— ¿Cómo se escribe **mujer**?

— Con jota.

— ¿Cómo se escribe **Ribera**?, ¿con be o con uve?

— Con be.

— ¿Cómo se escribe **hijo**?, ¿con hache o sin hache?

— Con hache.

Le será útil recordar los nombres de algunas letras:

b: be	c: ce	g: ge	z: zeta
v: uve	s: ese	j: jota	h: hache

10. Escuche y conteste.

● ●

Una habitación individual/doble.	*Así se pide una habitación.*
Una habitación con baño/ducha.	
¿Me da su pasaporte, por favor?	*Así le pedirán los documentos.*
— **¿Qué van a tomar?**	*Así le preguntará el camarero.*
— **Un zumo y un té.**	*Y así se puede contestar.*
— **¿Tiene usted teléfono?**	*Así se pide un número de teléfono.*
— **El 2 71 56 47.**	*Y así se contesta.*

11. Pida habitación en las cuatro circunstancias indicadas. Su compañero/a es el/la recepcionista.

1. Viaja solo/a.
2. Viaja con su pareja.
3. Viaja con tres amigos/as.
4. Viaja con sus padres.

12. Diga en cuál de estos tres lugares –hotel, bar, comisaría– se dicen las cosas que va a oír.

MODELO: 1. En un bar.

4. ¿De quién es?

13. Usted y sus compañeros/as están en un bar. Un/a compañero/a es el/la camarero/a y se pone a su disposición. Usted y sus compañeros/as piden lo que desean tomar.

20 veinte	30 treinta
21 veintiuno, -a	31 treinta y uno
22 veintidós	32 treinta y dos
23 veintitrés	40 cuarenta
24 veinticuatro	50 cincuenta
25 veinticinco	60 sesenta
26 veintiséis	70 setenta
27 veintisiete	80 ochenta
28 veintiocho	90 noventa
29 veintinueve	100 cien

Formas de preguntar y dar el teléfono:

— ¿Tiene teléfono?　　　El que pregunta no sabe si lo tiene.
— Sí, el 507 12 72.

— ¿Qué teléfono tiene?　　El que pregunta supone que lo tiene.
— El 56 79 87.

— ¿Teléfono?　　　　　　Para rellenar formularios y documentos.
— El 53 12 24.

Al dar su teléfono, dígalo con números de dos cifras si ello es posible:
— El cincuenta y tres (53) - doce (12) - veinticuatro (24).
— El cinco (5) - cero siete (07) - doce (12) - setenta y dos (72).

14. Escuche y conteste con sus propios datos.

15. Mire el fragmento de guía telefónica y conteste.

1. ¿Qué teléfono tiene el señor Campo Blanco?
2. ¿Qué teléfono tiene el señor Delgado?
3. ¿Qué teléfono tiene la señora González López?

CABANES GARCÍA, M. - Constitución, 9	302029
CAMPO ANTONIO, F. - Felipe Moratilla, 10	300260
CAMPO BLANCO, J. - Cerro Pelado, 2	301021
CAMPO BUENO, D. - Soto Hidalgo, 6	303445
CASTILLO GONZÁLEZ, V. - Constitución, 5	300022
DELGADO PÉREZ, A. - Constitución, 7	300738
GALÁN JIMÉNEZ, S. - Pico Aneto, 18	322118
GALÁN MARTÍN, P. - Serranilla, 6	500123
GONZÁLEZ LÓPEZ, A. - Soto Hidalgo, 3	300667
GONZÁLEZ SERRANO, V. - La Hiruela, 4	323233
HERNÁNDEZ BOLLO, F. J. - Castilla, 21	301019
HERNÁNDEZ COBO, F. - Av. Madrid, 34	300086
HERNÁNDEZ MARTÍN, J. M. - Jardines, 3	222002

16. Pregunte el teléfono a sus compañeros/as. Éstos/as deben contestarle y pedirle el suyo.

TRANSCRIPCIÓN DE LOS DIÁLOGOS DEL VÍDEO

PRIMERA PARTE

Presentación

PRESENTADOR: Hola. Buenos días.

RECEPCIONISTA: Buenos días. ¿Qué desea?

PRESENTADOR: Una habitación individual.

RECEPCIONISTA: Un momento, por favor. ¿Con baño?

PRESENTADOR: Sí, sí, con baño completo, por favor.

RECEPCIONISTA: Muy bien. Habitación número 48. ¿Su nombre?

PRESENTADOR: Luis Cánovas.

RECEPCIONISTA: Señor Cánovas. ¿Cómo se escribe, con be o con uve?

PRESENTADOR: Con uve.

RECEPCIONISTA: ¿Me da su carné, por favor?

PRESENTADOR: ¿Dónde está mi carné? Ah, aquí está.

RECEPCIONISTA: Gracias.

PRESENTADOR: Cuarenta y ocho.

TURISTA: ¡Oiga!, ¿son suyas estas gafas?

PRESENTADOR: No, no son mías. Esas gafas no son mías. ¿Son suyas?

Telecomedia

JUAN: Buenas, tardes.

RECEPCIONISTA: Sí, dígame. ¿Qué desea?

JUAN: Una habitación individual con baño.

RECEPCIONISTA: ¿Su nombre?

JUAN: Juan Serrano Ribera.

RECEPCIONISTA: ¿Cómo se escribe?

JUAN: ¿Cómo se escribe "Juan"?

RECEPCIONISTA: No. ¿Cómo se escribe "Ribera"? ¿Con be o con uve?

JUAN: Con be.

RECEPCIONISTA: Espere un momento... ¿Me da su carné, por favor?... Su llave.

JUAN: Gracias... ¿El ascensor?

RECEPCIONISTA: Está allí.

JUAN: Gracias. Buenas tardes.

RECEPCIONISTA: ¡Oiga, por favor!

JUAN: Sí, dígame.

RECEPCIONISTA: ¿Son suyos estos libros?

JUAN: ¡Ah, sí! Son míos. Muchas gracias.

RECEPCIONISTA: ¡Oiga, oiga, por favor! Ese libro es mío.

JUAN: ¡Ah, perdón!.

MARÍA: 10, 11, 12, 13, 14, 15, 16, 17, 18, ...

CARMEN: ¡Hola mamá!

MARÍA: Hola, hija. 21, 22, 23, 24, 25, 26, 27, 28, 29, 30. ¡Ahhhh!

DAVID: ¿Cómo se escribe "viaje", con be o con uve?

CARMEN: Con uve.

DAVID: ¿Con ge o con jota?

CARMEN: Con jota, David.

DAVID: Gracias, hermana. ¿Y cómo se escribe "carretera"?

CARMEN: Así. "Ca-rre-te-ra".

DAVID: ¿Con dos erres?

CARMEN: Sí. Como..., como...

MARÍA: ¡Socorro!

CARMEN: ¡Como socorro!

SEGUNDA PARTE

Presentación

PRESENTADOR: ¡Dos zumos de naranja, por favor!

CAMARERO: ¿Qué va a tomar?

PRESENTADOR: Póngame dos zumos de naranja.

CAMARERO: ¿Dos zumos?

PRESENTADOR: Sí, dos.

SEÑOR: Mi tarjeta.

PRESENTADOR: Pero...

SEÑOR: Perdón.

PRESENTADOR: Y aquí en Madrid, ¿tiene teléfono?

SEÑOR: ¡Ah, sí! El 2 24 35 56.

PRESENTADOR: Gracias. Adiós.

SEÑOR: Adiós.

CAMARERO: ¿De quién es este bolígrafo?

PRESENTADOR: No, no, mío no es. ¿De quién es ese bolígrafo?

SEÑOR: ¡Es mío! Gracias.

PRESENTADOR: Hasta luego.

Telecomedia

BOTONES: ¿El señor Serrano?

JUAN: Sí, soy yo.

BOTONES: Esto es suyo.

JUAN: ¡Ah, gracias!

BOTONES: ¿Dónde...? Estos billetes de avión son suyos también.

JUAN: ¿Míos?

BOTONES: ¿Son suyos o no?

JUAN: Sí, sí, son míos. Por favor, ¿dónde está la cafetería?

BOTONES: En el primer piso.

JUAN: Gracias.

BOTONES: De nada. Hasta luego.

CAMARERO: ¿Qué va a tomar?

JUAN: Un café con leche.

BOTONES: ¡Señor Rodríguez! ¡Señor Rodríguez!

JUAN: ¡Oiga, por favor!

BOTONES: ¿Es usted el señor Rodríguez?

JUAN: No, no.

BOTONES: Perdón. ¡Señor Rodríguez!

JUAN: ¿Qué teléfono tiene el hotel, por favor?

CAMARERO: El 2 27 47 54.

JUAN: Dos - veintisiete - cuarenta y siete - cincuenta y cuatro. Dos - cero siete -treinta y dos - sesenta y cinco.

BOTONES: ¡Señor Rodríguez!

RODRÍGUEZ: ¡Soy yo!

BOTONES: ¿Señor Rodríguez?

RODRÍGUEZ: Sí.

JUAN: ¿De quién es este café?

CAMARERO: Suyo.

JUAN: ¿Y esto, de quién es?

DAVID: ¡Dígame! Un momento, Óscar. ¡Carmen, tu novio!

JUAN: ¡Carm...! ¡Pe....!

JUAN: ¡Carmen! Soy Juan.

CARMEN: Perdón.

PRESENTADOR: Sí, sí, sí. ¿A dónde? Otro a Palma de Mallorca. Otro. Sí, otro. Un momento, por favor. Veintiséis - treinta y cuatro - ochenta y dos. Hasta luego. Hasta luego.

4. ¿De quién es?

● **AHORA USTED YA PUEDE...**

preguntar de quién son las cosas:	¿De quién es la maleta?
	¿Es suya la maleta?
decir de quién son las cosas:	Es mi maleta.
	La maleta es mía.
	La maleta es de Luis.
señalar las cosas o las personas por su proximidad o lejanía con respecto al hablante:	Esta maleta.
	Ese coche.
	Aquél.
preguntar cómo se escribe una palabra:	¿Cómo se escribe?
decir cómo se escribe una palabra:	Así.
	Se escribe con be.
pedir habitación en un hotel:	Una habitación individual con ducha.
	Una habitación doble con baño.
pedir a una persona sus documentos:	¿Me da su pasaporte?
	Pasaporte, por favor.
preguntar a alguien qué quiere comer o beber (lugares públicos):	¿Qué va a tomar?
pedir en un bar lo que desea tomar:	Un café solo.
	Póngame dos cervezas.
pedir y dar un número de teléfono:	— ¿Tiene teléfono?
	— Sí, el 34 56 78.
	— ¿Qué teléfono tiene?
	— El 23 56 81.
	— ¿Teléfono?
	— El 23 45 67.

5 ¿A dónde va Juan?

Al final de esta unidad usted será capaz de preguntar e indicar a dónde van las personas o las cosas y de investigar e indicar qué hay en un lugar. También aumentará su capacidad de relación con otras personas haciendo ofrecimientos o recomendaciones y pidiendo permiso para hacer cosas.

I

Voy a Salamanca.

¿A dónde va?

Así se indica el lugar de destino.

Y así se pregunta.

Para indicar el destino se usa el verbo ir seguido de a y un nombre de lugar. La preposición a precede a dónde si se pregunta el destino:

— ¿A dónde va usted?   — A Salamanca.

5. ¿A dónde va Juan?

1. Complete los diálogos oralmente con un/a compañero/a.

Verbo IR presente:
(yo)	**voy**
(tú)	**vas**
(usted)	**va**
(él, ella)	**va**
(nosotros, -as)	**vamos**
(vosotros, -as)	**vais**
(ustedes)	**van**
(ellos, ellas)	**van**

1. Una chica pregunta a un empleado de la estación de ferrocarril.

CHICA: Por favor, ¿a dónde … este tren?

EMPLEADO: … Madrid.

CHICA: Muchas … .

EMPLEADO: De … .

2. Un chico y una chica están a la puerta de un cine. Se encuentran con un anciano conocido.

CHICA: Nosotros … al cine. ¿Y usted también?

ANCIANO: No, yo no … al cine. Voy … parque.

2. Mire este mapa de Europa. Usted y sus compañeros/as eligen un país cada uno/a para pasar unas vacaciones. Se encuentran en el aeropuerto. Pregúnteles a dónde van.

● ●

II

Hay una botella en el frigorífico.

Así se indica la existencia de algo en un lugar.

¿Qué hay en el frigorífico?

Y así se pregunta.

La forma hay interviene normalmente en las frases en las que se habla de la presencia de algo en un lugar. Note que hay no varía con el número de las cosas que se mencionan:

Hay una naranja. Hay tres naranjas. Hay naranjas.

Otra forma de preguntar si existe algo en un lugar es:

¿Hay algo en ...? ¿Hay algo en el frigorífico?

Respuestas posibles:

Sí, hay fruta. No, no hay nada.

¿hay algo?
no hay **nada**

PALABRAS QUE INDICAN CANTIDAD:

dos, tres, cuatro ...

muchos, -as

pocos, -as

un poco de

3. Escuche. Un hombre va a contestar a la pregunta ¿Qué hay ahí?; después, a la pregunta ¿Y allí?, y por último, a la pregunta ¿Y qué hay en el frigorífico? Marque con una cruz las cosas que el hombre dice que hay.

1. Dos botellas de cerveza ☐   5. Chocolate ☐

2. Dos tomates ☐   6. Nada ☐

3. Pan ☐   7. Fruta ☐

4. Huevos ☐   8. Aceite ☐

4. Mire el plano. ¿Qué hay en el dibujo? Escuche y complete las frases oralmente.

1. En la Plaza Mayor ... ...

2. En la Gran Vía ... una ... .

3. En la Calle Mayor ... un ... , y en la Calle de la Libertad, ...

4. En la Plaza Nueva ... una ... .

5. ¿A dónde va Juan?

— ¿Hay algo?

— No hay nada.

— ¿Hay algún banco?

— No hay ninguno.

☞ 7

Si necesita saber dónde está algo que busca, pregunte con dónde:

 ¿Dónde hay una farmacia?

Puede investigar si en un lugar existe algo que busca usando ¿Hay algún (o alguna) ...? Le contestarán así:

— ¿Hay algún taller por aquí? — ¿Hay alguna farmacia cerca?

— Sí, hay uno en la plaza. — No, no hay ninguna.

5. Con un/a compañero/a, complete el diálogo oralmente.

 A: Oiga, … favor. ¿Hay … taller en este pueblo?

 B: Sí, … uno … la Calle Mayor.

 A: ¿Y … algún aparcamiento?

 B: No, no hay … .

6. Imagine que usted y sus compañeros/as están en la Plaza Mayor del dibujo del ejercicio 4. Pregúnteles si existe cerca:

alguna farmacia	algún taller	algún aparcamiento
algún banco	algún hospital	alguna gasolinera

III — **¿Quiere usted un café?** *Así se ofrece una cosa a alguien.*

— **Sí, gracias.** *Así se acepta.*

 No, gracias. *Y así se rechaza.*

Para ofrecer algo, use el verbo querer:

 ¿Quiere un café?

 ¿Quieren ustedes un café?

Nombres como chocolate, fruta, agua y pan, nombres incontables, pueden ir precedidos por la expresión un poco de:

 ¿Quiere un poco de pan?

7. Ofrezca alguna de estas cosas a su compañero/a.

un plátano	fruta	chocolate
un tomate	agua	pan

IV

— ¿**Puedo sentarme aquí?**

— **Sí, claro.**
Bueno.

Así se pide permiso para hacer algo.

Y así se da permiso.

VERBOS
PRONOMINALES:

sentar**se**

llamar**se**

se llama

☞ 16

Use el verbo poder para pedir permiso:

¿Podemos sentarnos?

A veces, la manera más eficaz de conseguir algo no es pedir permiso. Haga lo que quiere hacer y diga perdón al mismo tiempo.

8. Escuche y luego complete oralmente.

1. Una señora pide permiso para coger una naranja:

SEÑORA: ¿… coger esta naranja?

2. Una señora quiere fumar en el tren. Pregunta al revisor:

SEÑORA: Oiga, ¿… fumar aquí?

REVISOR: No, señora.

3. Un chico quiere meter su maleta en la parte posterior del coche de un amigo:

CHICO: ¿… meter la maleta aquí?

AMIGO: Sí, … .

4. Dos estudiantes con la dueña de la pensión donde viven. Traen muchos libros que quieren colocar sobre una mesa:

ESTUDIANTE: ¿… poner los libros aquí?

SEÑORA: … .

5. Un oficinista quiere entrar en el despacho de su jefe:

OFICINISTA: ¿… entrar?

9. Pida permiso a su compañero/a para:

1. coger una naranja   3. fumar   5. hablar por teléfono

2. comer chocolate   4. sentarse   6. entrar

V **Coma una naranja.** *Así se recomienda algo.*

No fume.

Bueno. *Y así se acepta la recomendación.*

Existen formas verbales características para hacer recomendaciones:

FUMAR: fume - no fumen

COMER: coma - no coman

Recomendaciones que, naturalmente, pueden ser negativas:

no fume - no fumen

no coma - no coman

Además de bueno, existen otras formas para aceptar una recomendación:

Muy bien.

De acuerdo.

Vale.

La forma vale, que es muy frecuente, tiene un carácter informal.

☞ 17

AYUDA:

FUMAR: fume

SUBIR: suba

BAJAR: baje

IR: vaya

PROBAR: pruebe

HACER: haga

TENER: tenga

VENIR: venga

MIRAR: mire

COMER: coma

 10. Numere cada dibujo cuando oiga la frase relacionada con él. Luego trate de escribir en su cuaderno las recomendaciones que oyó.

☐ ☐ ☐ ☐ ☐ ☐

 11. Escuche y acepte las recomendaciones que se le hacen.

TRANSCRIPCIÓN DE LOS DIÁLOGOS DEL VÍDEO

PRIMERA PARTE

Presentación

PRESENTADOR: Hola, bienvenidos a Mallorca. ¿Puedo hacerles una foto? Muchas gracias.

JOVEN: Por favor, ¿va usted a Sóller?

PRESENTADOR: Sí, sí.

JOVEN: ¿Puedo ir con usted?

PRESENTADOR: Sí, claro.

JOVEN: ¿Puedo poner esto atrás?

PRESENTADOR: Un momento.

JOVEN: ¿Hay muchos hoteles en Sóller?

PRESENTADOR: Aquí están todos.

JOVEN: Oiga, ¿hay algún camping en Sóller?

PRESENTADOR: Sí, hay uno. Hay un camping en Sóller. Un camping muy bonito. Hasta luego.

Telecomedia

JUAN: ¡Ahora!

CARMEN: ¡No!

JUAN: Un momento. Otra vez, vamos.

CARMEN: Nada, que no.

JUAN: ¿Hay una lata de aceite en el maletero?

CARMEN: Sí, aquí hay una lata de aceite... Pero... ¡Huy! Nada, no hay nada.

JUAN: ¿Puedo coger esto?

CARMEN: ¡Nooo...!

JUAN: Gracias. ¿Puedo meter la ropa aquí?

CARMEN: Bueno.

JUAN: ¿Y ahora qué hacemos?

CARMEN: Perdón, ¿hay algún taller cerca?

MOTORISTA: Sí, en el pueblo hay uno.

JUAN: ¿Va usted allí?

MOTORISTA: Sí, pero tengo mucha prisa.

JUAN: Yo también.

MOTORISTA: Cuidado, ¿eh?

JUAN: ¡Vaaale!

CARMEN: Vale.

JUAN: Oiga, ¿dónde está el taller?

MOTORISTA: ¡Hombre allí está el mecánico!

JUAN: Por favor... ¿Puedo pasar?

GUARDIA: ¿A dónde va usted? Ah, pase, pase.

JUAN: ¡Oiga! ¡Pero...! ¡Oiga, oiga!

SEGUNDA PARTE

Presentación

JOVEN: Vaya más despacio.

PRESENTADOR: Vale, vale.

JOVEN: ¿Una cerveza? ¿Quiere usted una cerveza?

PRESENTADOR: Bueno, sí. Buena cosa el deporte. Ustedes, ¿hacen deporte? Ah, ¿no? Pues hagan deporte, hombre.

Telecomedia

JUAN: ¡Por favor, vaya usted más despacio!

MECÁNICO: ¿Qué?

JUAN: ¿Es usted el mecánico?

MECÁNICO: Sí.

JUAN: Mi coche no funciona. Está en la carretera.

MECÁNICO: Espere.

JUAN: Pero...

MECÁNICO: ¡Espere, hombre, espere!

JUAN: De acuerdo. ¡Buff! Pero vaya más despacio. ¡Que vaya usted más despacio!

MOTORISTA: ¿Quiere?

JUAN: ¿Qué hay en la botella?

MOTORISTA: Agua.

JUAN: ¡Agua! Sí, gracias. ¿Dónde está la meta?

MOTORISTA: Cerca. Muy cerca. A dos kilómetros.

JUAN: ¿A dos kilómetros?

MOTORISTA: ¡Animo! ¿Un plátano?

JUAN: No, no, gracias.

CARMEN: ¡Oh, no!

JUAN: ¡Carmen! ¡Carmen! Perdón, perdón... ¡Carmen! ¡Carmen!

CARMEN: ¡Juan!

JUAN: ¡Carmen!

CARMEN: ¡Bravo!

JUAN: ¡Carmen!

PRESENTADOR: ¿Una flor? Hasta otro día. Adiós.

5. ¿A dónde va Juan?

AHORA USTED YA PUEDE...

indicar el destino y preguntarlo:	Voy a Salamanca. ¿A dónde va usted?
indicar qué hay en un lugar: preguntarlo y contestar: investigar dónde hay algo: investigar si hay algo en un lugar: y contestar:	Hay dos naranjas. — ¿Qué hay ahí? — No hay nada. — ¿Dónde hay una farmacia? — ¿Hay algo en el frigorífico? — ¿Hay alguna farmacia cerca? — No hay nada. — No, no hay ninguna.
ofrecer una cosa: aceptarla o rechazarla:	— ¿Un café? — ¿Quiere usted un café? — Sí, gracias. — No, gracias.
pedir permiso: disculparse por molestar:	— ¿Puedo entrar? — Sí, claro. Perdón.
recomendar hacer algo: y aceptar la recomendación:	Vaya despacio. No fume. Bueno. Vale.

6 De "tú", por favor

Al final de esta unidad usted será capaz de preguntarle a la gente qué está haciendo, de pedirle que haga o que no haga algo y de intentar averiguar o indicar el nombre de las cosas. Además, podrá dirigirse a otros utilizando dos formas de tratamiento: "tú" y "usted". Puesto que ya nos conocemos y viajamos juntos, ¿qué le parece si nos hablamos de "tú"?

I   USTED / TÚ

FORMAS DE TRATAMIENTO:

usted

tú   ☞ 19

USTED	TÚ
quiere	quier**es**
va	va**s**
da	da**s**
tiene	tiene**s**
su coche	**tu** coche
es **suyo**	es **tuyo**
se llama	**te** llamas

Para dirigirse a una persona es necesario elegir entre tú y usted.

Tú supone menor formalidad y también menor distanciamiento: por eso hoy es habitual para dirigirse a los niños, a los familiares, a los amigos... y es el tratamiento que predomina entre los jóvenes, aunque no se conozcan entre sí.

De todos modos, en caso de duda, utiliza usted.

La forma de tratamiento elegida se refleja en el verbo y en otras palabras:

> ¿Me **da su** pasaporte?
> ¿Me **das tu** pasaporte?

☞ 19

6. De "tú", por favor

 1. Mira los dibujos. Numera los que corresponden a las cinco frases que oyes.

 2. Vuelve a los dibujos del ejercicio 1. Tapa la columna de la derecha y trata de reproducir las frases con "tú".

3. Pregunta estas tres cosas a don Emilio, a Carlitos, a don Antonio y su esposa doña Ana, a Felipe y Mercedes. Un/a compañero/a contesta.

> 1. Por favor, ¿cómo (llamarse)?
>
> 2. ¿Dónde (vivir)?
>
> 3. ¿(Tener) teléfono?

USTEDES	VOSOTROS
quieren	queréis
van	vais
su coche	**vuestro** coche
es **suyo**	es **vuestro**
se llaman	**os** llamáis

☞ 19

MODELO: (a don Emilio)

A: Por favor, ¿cómo se llama usted?

B: Emilio.

A: ¿Dónde vive?

B: En Madrid.

A: ¿Tiene teléfono?

B: Sí. Es el siete, cincuenta y dos, treinta y uno, cero cinco.

4. Tienes reunidas en tu casa a estas personas: tu madre, un grupo de amigos, tu profesor/a y su cónyuge, la abuela de una amiga, etc. Ofréceles: café, zumo de naranja, vino, etc.

> MODELO: A (a los amigos):¿Queréis un café?
>
> B: Yo no, gracias.
>
> C: Yo sí. Con leche.

● ●

II

Está jugando.

Así se indica qué está haciendo alguien.

¿Qué está haciendo?

Y así se pregunta.

¿Qué están haciendo?

Está comiendo.

Están jugando.

jug**ar**	➤	jug**ando**
com**er**	➤	com**iendo**
escrib**ir**	➤	escrib**iendo**

☞ 18

Con estar seguido de formas como jugando, comiendo, escribiendo... puedes decir qué estás haciendo: Estoy comiendo.

Para preguntar por esas actividades, usa la palabra interrogativa qué y el verbo hacer: ¿Qué estás haciendo?

6. De "tú", por favor

5. Con un/a compañero/a, completa las frases siguientes. Usa estas expresiones:

Qué estás haciendo	Estoy comprando	Estamos
Qué estás comprando	Está hablando	están
Qué está haciendo	Estoy abriendo	viendo

1. Una mujer y su hijo están ante un quiosco. El niño pregunta a su madre:

>NIÑO: Mamá, ¿...?
>MADRE: ... el periódico.

2. Están hablando el padre y la madre. Su hija María está en otra habitación:

>PADRE: ¿... María?
>MADRE: ... por teléfono.

3. Están hablando el padre y la madre. Sus dos hijos pequeños tienen un libro en la mano:

>PADRE: ¿Qué ... haciendo los niños? ¿Están ... la televisión?
>MADRE: No, ... leyendo.

4. Dos novios, en la parada del autobús, nos dicen qué están haciendo:

>NOVIOS: ... esperando el autobús.

5. Una mujer tiene en la mano un paquete de correos y unas tijeras. Un hombre le pregunta:

>HOMBRE: Ana, ¿...?
>MUJER: ... este paquete.

6. Tú haces, mediante gestos, una de las actividades que ya hemos aprendido (fumar, escuchar la radio, hablar con alguien, etc.). Preguntas: ¿Qué estoy haciendo? Las demás personas responden. La primera que contesta hace los gestos.

● ●

III

¡Pare! / ¡Para!	*Así pides a otra persona que haga algo.*
¡No pare! / ¡No pares!	*Y así le dices que no lo haga.*

Las formas del imperativo, como pare/para, pase/pasa, etc., sirven para tratar de que la gente haga algo. Según las circunstancias, pueden ser un mandato más o menos tajante, un ruego, una petición, una sugerencia o recomendación (como vimos en la unidad anterior), etc.

☞ 17

7. Di a estas personas que hagan cosas, usando en su forma apropiada alguno de los verbos siguientes: mirar, parar, pasar, comprar, escuchar, correr, sentarse, coger, venir.

MODELO: Tu amiga Elena quiere conocer las noticias del día.

(A Elena): Compra el periódico.

1. Don Carlos y don Rafael, vecinos tuyos, van a tu casa. Les abres la puerta y les señalas el interior.
2. Quieres que tus amigos presten atención a tus palabras.
3. Quieres bajarte del coche de tu amigo Antonio.
4. Enseñas la ciudad a un grupo de turistas. Les señalas un bonito edificio con el dedo.
5. Ofreces asiento a don Felipe, que ha ido a verte.
6. Animas a tu amiga Manuela, que está participando en una carrera popular, y va la segunda.
7. Quieres que tu amigo Luis se acerque a ti.
8. Acercas una bolsa de caramelos a tus compañeros Isabel y Diego.

PARAR

para (tú)
parad (vosotros)
pare (usted)
paren (ustedes)

COMER

come (tú)
comed (vosotros)
coma (usted)
comed (vosotros)

ESCRIBIR

escribe (tú)
escribid (vosotros)
escriba (usted)
escribid (vosotros)

☞ 17

Ya has visto cómo puedes pedir a los demás que hagan algo: hable, coma, suba / habla, come, sube.

Para pedir a los demás que no hagan algo:

– Si el tratamiento es usted, se utilizan las mismas formas que en afirmativo:

    no hable   no coma   no suba

– Si el tratamiento es tú, las formas son distintas:

    habla - no hables   come - no comas   sube - no subas

AYUDA:

SENTARSE: siéntate, siéntese   VENIR: ven, venga
VOLVER: vuelve, vuelva

HABLAR

no hables (tú)
no habléis (vosotros)

COMER

no comas (tú)
no comáis (vosotros)

SUBIR

no subas (tú)
no subáis (vosotros)

☞ 17

8. Da órdenes a un/a compañero/a, que hace lo que tú le pides. A continuación, otro/a compañero/a le ordena lo contrario.

MODELO: A: ¡Fuma! (o ¡Fume!)

B: (Finge que se pone a fumar.)

C: ¡No fumes! (o ¡No fume!)

fumar	bajar	escribir	jugar
hablar	comer	mirar	leer
subir	entrar	escuchar	venir

6. De "tú", por favor

Para pedir que te acerquen cosas (sobre todo en la mesa), usa las fórmulas ¿Me pasas...?, Pásame..., o las correspondientes para el tratamiento con usted:

¿Me pasas el pan?	¿Me pasa la sal?
Pásame el pan, por favor.	Páseme la sal, por favor.

Algunas respuestas:

Toma.	Ten.	Tome (usted).	Tenga (usted).

9. Dibuja estas cosas:

un tomate	un tenedor	una botella de vino	pan
una cuchara	un cuchillo	una botella de cerveza	etc.

Un/a compañero/a te pide que le pases esas cosas.

¿**me** pasas?

pása**me**

☞ 10

> MODELO: A: Pásame ese tomate, por favor.
>
> B: Toma.
>
> A: Gracias.

● ●

IV

— **¿Qué es eso?** *Así preguntas qué es una cosa.*

— **Una cámara de vídeo.** *Y así respondes a esa pregunta.*

est**o** = esta cosa

es**o** = esa cosa

aquell**o** = aquella cosa

☞ 5

Para averiguar la identidad de una cosa usamos las preguntas:

¿Qué es esto?	Esto es una cámara.
¿Qué es eso?	Eso es un zumo de naranja.
¿Qué es aquello?	Aquello es un reloj.

Si no sabemos a qué se refiere una expresión, preguntamos también ¿Qué es ... ?: ¿Qué es una sangría?

10. Dibuja objetos o represéntalos por señas. Luego, pregunta: ¿Qué es esto? Un/a compañero/a responde.

TRANSCRIPCIÓN DE LOS DIÁLOGOS DEL VÍDEO

PRIMERA PARTE

Presentación

PRESENTADOR: ¿Qué tal? Bonita Mallorca, ¿eh? Vengan conmigo. Vengan ustedes. ¡Eh, vosotros! Venid conmigo. ¡Despacio, no corráis! Mirad. Miren también ustedes.

NIÑO: ¿Qué estás haciendo?

PRESENTADOR: Estoy hablando con ellos.

NIÑO: ¿Qué es eso?

PRESENTADOR: ¿Esto? Una máquina de fotos. No toques esto.

NIÑO: Hay unos niños en esa playa.

PRESENTADOR: ¿Ah, sí? ¿Y qué están haciendo?

NIÑO: Están jugando.

Telecomedia

JUAN: ¡Qué bien!

CARMEN: Sí. Es muy bonito.

JUAN: ¡Ven! ¡Mira, Carmen!

CARMEN: ¡Escucha!

JUAN: ¡Ay!

CARMEN: ¡Juan!

NIÑO 1: Perdone usted.

JUAN: Toma.

NIÑO 1: Gracias.

NIÑOS: ¡Eh, tú! ¡Ven!

CARMEN: ¿Qué estáis haciendo?

NIÑO 1: Estamos jugando.

JUAN: ¿Y vuestros papás?

NIÑO 1: No están aquí. Estamos con mi hermano Álvaro.

CARMEN: ¿Con tu hermano?

NIÑO 1: Sí. Mire.

ÁLVARO: Hola, buenos días.

CARMEN: Buenos días.

JUAN: Hola.

NIÑO 2: ¿Qué es eso?

NIÑA 1: ¡Antonio, no toques!

NIÑO 2: Vale, vale.

CARMEN: Es una cámara de vídeo.

NIÑO 3: ¿Sí?

JUAN: Sí, sí.

NIÑOS: ¡Qué bien!

ÁLVARO: Hola. Soy Álvaro.

CARMEN: Encantada.

JUAN: ¿Qué tal?

ÁLVARO: Voy al pueblo. Al médico con la niña.

JUAN: ¿Qué es eso?

CARMEN: Pobrecita.

ÁLVARO: ¿Ustedes van a...?

CARMEN: No nos hables de usted, hombre.

ÁLVARO: Vale. ¿Vosotros vais a...?

CARMEN: No te preocupes, nosotros nos quedamos con ellos.

ÁLVARO: Muchas gracias. ¡No molestéis a estos señores! Vuelvo enseguida, hasta luego.

CARMEN, NIÑOS, JUAN: Adiós, hasta luego.

NIÑOS: Vengan, vengan con nosotros.

CARMEN: De tú, por favor.

NIÑOS: Bueno, pues venid.

CARMEN: Vamos, Juan.

JUAN: ¿Y el trabajo?

CARMEN: ¿El trabajo?

JUAN: Mira, Carmen.

NIÑO 1: ¿Qué estoy haciendo?

JUAN: Estás comiendo un helado.

NIÑO 1: Sí.

JUAN: ¿Qué estoy haciendo?

NIÑO 2: Estás pelando un plátano.

JUAN: ¡No hagáis eso! ¡Vamos al agua! ¡Vamos! ¡Carmen, ven!

CARMEN: ¡No!

CARMEN: ¡No, no! ¡No hagáis eso! ¡Por favor, no!

JUAN: ¡Cuidado!

SEGUNDA PARTE

Presentación

PRESENTADOR: Oye, ¿me pasas la sal, por favor?

CHICO: Aquí no hay.

PRESENTADOR: Oiga, ¿me pasa usted la sal, por favor?

SEÑOR MAYOR: Toma.

CHICO: Tome usted.

PRESENTADOR: Gracias.

CHICA: Una ensalada tropical.

CAMARERO: ¡Marchando! ¡Una ensalada tropical!

PRESENTADOR: ¿Qué es una ensalada tropical? Oye, ¿qué es una ensalada tropical?

CHICA: Lechuga, manzana, piña, jamón y arroz.

CAMARERO: Mire, esto es una ensalada tropical.

CHICA: ¿Quiere un poco?

PRESENTADOR: Y ustedes, ¿quieren?

Telecomedia

NIÑO 1: Tengo hambre.

NIÑO 2: Yo también tengo hambre.

NIÑA 2: Y yo.

NIÑO 1: Y yo. ¡Vamos a casa!

JUAN: ¿A casa?

NIÑO 1: Sí. Es aquella.

CARMEN: ¿Y tus padres?

NIÑO 1: No están.

CARMEN: ¿Y la comida entonces?

NIÑO 1: La hacemos nosotros. ¡Vamos!

NIÑA 2: Éstas son demasiado pequeñas y ésas, demasiado grandes.

NIÑO 2: Es verdad. Toma.

NIÑA 2: ¡Jo!

6. De "tú", por favor

CARMEN: Dame dos tomates.
NIÑO 1: ¿Verdes o rojos?
CARMEN: Rojos, rojos.
NIÑO 1: ¿Éstos?
TODOS: ¡Bien! ¡Bravo!
NIÑA 1: No, no, siéntate.
CARMEN: Bueno.
NIÑO 3: No, no. Trae. ¿Quieres agua?
JUAN: Sí, gracias.
CARMEN: ¿Me pasas el apio?
NIÑO 1: ¿Qué es eso?
NIÑA 1: Mira. Esto es el apio.
JUAN: Pásame la sal.

NIÑO 2: Sí, sí, toma.
JUAN: ¡Toma!
CARMEN: ¡Cuidado!
ÁLVARO: Buenas noches.
JUAN: Hola.
CARMEN: Hola, buenas noches. ¿Qué te pasa?
ÁLVARO: Mira.
JUAN: Huy, ¿qué es eso?
ÁLVARO: Alergia.
NIÑA 3: ¿Qué es alergia?
ÁLVARO: Esto es alergia. ¿Y eso qué es?
CARMEN: ¿Esto? Ven.
PRESENTADOR: ¡Shhh!

AHORA YA PUEDES...

usar las dos formas de tratamiento en español:	Y tú, ¿dónde vives? Y usted, ¿dónde vive? ¿Me das tu pasaporte? ¿Me da su pasaporte?
preguntar qué está haciendo alguien:	¿Qué está haciendo?
y decir qué está haciendo alguien:	Está jugando.
pedir a alguien que haga algo:	¡Para! ¡Pare usted!
y pedir a alguien que no haga algo:	¡No pares! ¡No pare usted!
pedir que te acerquen algo:	Páseme la sal, por favor. ¿Me pasa la sal?
preguntar qué es una cosa:	¿Qué es eso?
e indicar qué es una cosa:	Esto es una cámara.
preguntar a qué objeto se refiere una expresión:	¿Qué es una ensalada tropical?

7 ¿De dónde vienes?

Al final de esta unidad serás capaz de hablar de dónde proceden las personas y las cosas, de preguntar y decir si algo está permitido, de averiguar qué sucede, de pedir una repetición y de identificar lo que señalas.

I **Ese barco viene de Valencia.** *Así se indica el lugar de procedencia.*

¿De dónde viene ese barco? *Y así se pregunta.*

Para indicar que algo o alguien se desplaza desde otro lugar hacia la persona que habla, se usa el verbo venir seguido de la preposición de. De precede a dónde si se pregunta la procedencia: ¿De dónde?

Es posible indicar la procedencia con el nombre de algunas profesiones: médico, dentista, etc. Con ello se expresa indirectamente su lugar de trabajo: Vengo del dentista.

Esos nombres sirven también para decir el destino: Voy al dentista.

IR ¿**a** dónde? VENIR ¿**de** dónde?

Verbo VENIR. Presente:

(yo)	vengo	(nosotros, -as)	venimos
(tú)	vienes	(vosotros, -as)	venís
(usted) (él, ella)	viene	(ustedes) (ellos, ellas)	vienen

Viene   Va

7. ¿De dónde vienes?

1. Completa los diálogos oralmente con un/a compañero/a.

1. — ¿De dónde ...?
— ... parque.
— ¿Y tú?
— Yo ... ... la farmacia.

2. — ¡Carlos! ¡Juan! ¿De dónde ...?
— ... ... dentista.
3. — ¿De ... ... los niños?
— Vienen ... ... playa.

2. Fíjate en los dibujos. Escucha y marca si lo que oyes es verdadero (V) o falso (F).

1. V / F   2. V / F   3. V / F   4. V / F   5. V / F   6. V / F   7. V / F

3. Mira este mapa del centro de España. Tú y tus compañeros/as elegís en secreto una de las ciudades que figuran en él. Regresáis de vacaciones de la ciudad elegida. Pregunta a tus compañeros/as su procedencia.

MODELO: A: ¿De dónde vienes?
B: Vengo de Zamora.

II — **¿Se puede fumar aquí?**   *Así se pregunta si está permitido o no hacer algo en un lugar.*

— **No, no se puede fumar.**   *Y así se responde.*

se   ☞ 11   Si intuyes que algo que deseas hacer no está permitido, averígualo preguntando con ¿Se puede ...?: ¿Se puede pasar?

4. Mira las señales y di qué significan.

beber   fumar   hablar   aparcar   pasar

MODELO: 1. No se puede fumar.

1   2   3   4   5   6

5. Tus compañeros/as escriben en un papel una cosa que les gustaría hacer. Por ejemplo, comer naranjas. Tú eres jefe de tu clase y tienes poder para decidir qué está permitido hacer y qué no. Tus compañeros/as te preguntan si pueden hacer lo que han escrito. Tú les dices si lo que ellos quieren está permitido o no en la clase.

MODELO: A: ¿Se pueden comer naranjas?

B: No, no se puede comer en clase.

III

— **¿Qué pasa?**   *Así se pregunta qué sucede.*

— **Que el Rey está aquí.**   *Y así se contesta.*

Pregunta ¿Qué pasa? para saber a qué se debe algo extraño que percibes. La contestación comenzará con la palabra que:

— ¿Qué pasa?

— Que no encuentro mi dinero.

— Que Juan está fumando.

La respuesta puede simplificarse:

— ¿Qué pasa?   — ¡Mi dinero!

La anteposición de nada sirve para tranquilizar:

— ¿Qué pasa?   — Nada, que Juan está fumando.

7. ¿De dónde vienes?

Si no comprendes lo que te dicen, pide una repetición con ¿Cómo?, ¿Cómo dice?

También puedes usar simplemente ¿Qué?, aunque resulta menos educado.

6. Mira los dibujos, escucha y completa.

●●●●●●●●●●●●●●●●●●●●●●●●●●●●●●●●

IV   **Ésa es la catedral.**   *Así se presentan las cosas.*

Utiliza el verbo ser tras éste, ése y aquél y sus variantes, para mostrar una cosa y decir qué es. Observa que estas fórmulas son las mismas que se usan para las personas:

Ése es el Hotel Real.   Éste es el profesor Serrano.

Con estas formas de presentación es normal que aparezcan tras el verbo ser los artículos el, la, los y las, o los posesivos mi, tu, su, etc.

Ésa es la cocina.   Éste es mi perro, "Canelo".

7. Completa las frases oralmente.

el   la   los   las   es   son

1. Ésa es ... Plaza Mayor.
2. Mira, éste ... ... aeropuerto de la ciudad.
3. Éste es ... cuarto de estar, ésa ... ... cocina, y aquéllas ... habitaciones de los niños.
4. Éste es ... aparcamiento del hotel.
5. Ésa es ... comisaría de policía, y ése ... ... Hotel Real.
6. Ésta ... mi habitación.
7. Aquéllas ... ... maletas del profesor.
8. Mire, ésta ... ... calle de Alcalá.
9. Éstas ... ... gafas de la señora.
10. Ésos ... ... periódicos de la ciudad.
11. Éste ... ... folleto de Palma de Mallorca.
12. Ésos ... ... amigos de Mercedes.
13. Mire, aquéllos ... ... billetes de tren.

8. Enseña tu casa a un/una amigo/a.

MODELO: 1. Éste es el cuarto de estar.

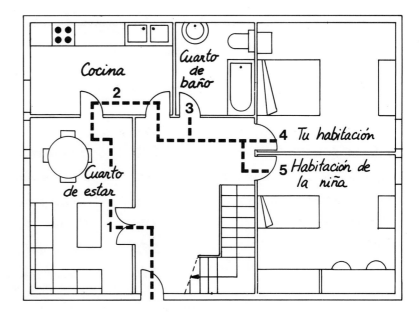

9. Escribe en varios papeles nombres de lugares de tu ciudad. Colócalos en la mesa y muéstralos a un/a compañero/a a medida que vais recorriéndolos.

MODELO: Éste es el parque.

100 = cien	500 = quinientos, -as
101 = ciento uno, -a	600 = seiscientos, -as
200 = doscientos, -as	700 = setecientos, -as
201 = doscientos uno, doscientas una	800 = ochocientos, -as
300 = trescientos, -as	900 = novecientos, -as
301 = trescientos uno, trescientas una	1.000 = mil
400 = cuatrocientos, -as	☞ 8

10. Tacha los números que vayas oyendo.

100	222	301	500	601	775
121	243	350	555	625	803
169	300	499	600	765	901

11. Mira esta carta de un restaurante. Lee cada cosa y di su precio en pesetas.

MODELO: Sopa de pescado, doscientas cincuenta pesetas.

Casa Ramón

Platos del día

	PTAS.		PTAS.
Sopa de pescado	250	Calamares a la romana (fritos)	450
Ensalada de lechuga y tomate	100	Pollo asado	425
Huevos fritos con patatas	210	Ternera asada	575
Tortilla francesa	175	Queso	325
Tortilla española	275	Fruta del día	175
Jamón	760	Fresas con leche	250
Gambas a la plancha	500	Zumo de naranja	125
Pescado del día	680		

7. ¿De dónde vienes?

 TRANSCRIPCIÓN DE LOS DIÁLOGOS DEL VÍDEO

PRIMERA PARTE

Presentación

PRESENTADOR: Hola. ¿Qué tal? Estamos todavía en Palma de Mallorca. Vengan conmigo. Miren, ésa es la catedral. Y aquél es... ¿Qué pasa? Oiga, ¿qué pasa?

GUÍA: Que el Rey está aquí.

PRESENTADOR: ¿Cómo? ¿Qué?

GUÍA: Que el Rey está en Palma.

TURISTA: ¿Cómo dice?

PRESENTADOR: Que el Rey está aquí, en Palma.

TURISTA: Gracias, muchas gracias.

Telecomedia

TERESITA: ¡Oiga, oiga, joven!

JUAN: Sí, dígame.

TERESITA: Oiga, ¿dónde está mi grupo?

JUAN: ¿Cómo dice?

TERESITA: Sí, mi grupo.

JUAN: ¡Ah, su grupo!

CARMEN: ¿Qué pasa?

TERESITA: Que no encuentro a mi grupo.

CARMEN: Señora, ¿dónde está su hotel?

TERESITA: ¿Cómo?

CARMEN: Que dónde está su hotel.

TERESITA: ¡Ah! Cerca de la catedral.

JUAN: ¿Y cómo se llama?

TERESITA: ¿Qué?

JUAN: Que cómo se llama.

TERESITA: Teresita.

CARMEN No, el hotel. Que cómo se llama el hotel.

TERESITA: No me acuerdo.

JUAN: ¿Y ahora qué hacemos?

CARMEN: Esperad un momento. Por favor, ¿dónde está la catedral?

TURISTA: "Perdón. No hablo español".

JUAN: ¿Qué dice?

CARMEN: Perdón, no hablo español.

JUAN: ¡Señora, cuidado!

CARMEN: Buenos días.

GUARDIA: Buenos días.

CARMEN: Por favor, ¿dónde está la catedral?

GUARDIA: Mire, aquélla es la catedral.

TERESITA: ¡No, no, aquél no es mi hotel! Mi hotel es más moderno.

GUARDIA: ¿Qué pasa?

CARMEN: Que esta señora no encuentra a su grupo.

GUARDIA: Esperen un momento.

CARMEN: ¡Oiga!

JUAN: ¡Señora! ¡Venga aquí!

CARMEN: ¡No se vaya, Teresita!

GUARDIA: ¡Oigan! ¡Oigan!

TERESITA: Es muy grande esta ciudad, ¿verdad?

JUAN: Sí, muy grande.

TERESITA: Y muy bonita, ¿verdad, señorita?

CARMEN: Sí, preciosa.

TERESITA: ¿Es usted su novia?

CARMEN: ¡No!

TERESITA: Felicidades. Es muy guapa.

JUAN: ¡No es mi novia!

SEGUNDA PARTE

Presentación

PRESENTADOR: Ese barco viene de Barcelona. ¿Ah, no? ¿De dónde viene?

VENDEDOR: De Valencia.

PRESENTADOR: Ese barco viene de Valencia.

VENDEDOR: Su helado. Doscientas, trescientas, cuatrocientas, quinientas. Y quinientas, mil. Gracias.

PRESENTADOR: Miren. Cien pesetas. Doscientas. Quinientas. Mil pesetas.

POLICÍA: Mil pesetas.

PRESENTADOR: ¿Cómo?

POLICÍA: Aquí no se puede aparcar.

PRESENTADOR: ¡Vaya, hombre! ¡Oiga! ¿Y allí se puede aparcar?

POLICÍA: Allí, sí.

PRESENTADOR: Allí sí se puede.

Telecomedia

CARMEN: ¿Qué está haciendo ahora?

JUAN: Está comprando.

CARMEN: ¿Se puede beber aquí?

JUAN: No, no se puede.

TERESITA: Hace mucho calor. ¡Tengan! ¿Les puedo hacer una foto? Sonrían. ¿Qué pasa? Son ustedes novios, ¿no?

CARMEN y JUAN: ¡No!

TERESITA: Claro. Novios.

CARMEN: ¡Oh, no, por favor!

TERESITA: ¿Cómo dice?

CARMEN: Nada, nada.

TERESITA: Huy, aquél es mi grupo. Sí, sí, aquél es el autobús.

SEÑORA: ¡Teresita! ¡Teresita!

TERESITA: ¿De dónde venís?

SEÑORA: ¿De dónde vienes tú?

TERESITA: ¿Qué?

SEÑORA: Que de dónde vienes.

TERESITA: De visitar Palma. Es preciosa y muy grande.

SEÑORA: ¿Tú sola?

TERESITA: No, con estos dos jóvenes. Son novios y muy simpáticos. ¡Huy, no están! ¿Dónde están los novios?

CARMEN: Una noche preciosa, ¿no?

JUAN: Sí, todo es precioso ... contigo.

CARMEN: Gracias.

7. ¿De dónde vienes?

JUAN: Llevas un vestido muy bonito.
CARMEN: Es un regalo... de mi novio. ¿Qué pasa?
JUAN: Nada, la garganta.
CARMEN: Perdona. Vuelvo enseguida.
TERESITA: ¿Qué vas a comer?
JUAN: No sé. ¡Madre mía, otra vez!
TERESITA: Sopa de pescado, cuatrocientas cincuenta; tortilla, trescientas setenta y cinco; calamares, novecientas cincuenta; gambas... ¡mil pesetas!
CARMEN: No te preocupes, su grupo está allí.

JUAN: Están llamándola.
TERESITA: ¡Oh! ¡Los novios!
SEÑORA: ¿Nos podemos sentar con usted?
TERESITA: Sí, sí. Son muy simpáticos.
JUAN: Sí, claro. Muy simpáticos.
CAMARERO: Su plato, señor.
PRESENTADOR: Perdón, ¿cómo dice?
CAMARERO: Su plato.
PRESENTADOR: ¡Ah! Gracias. Adiós. Hasta el próximo programa.

AHORA YA PUEDES...

indicar la procedencia de algo o alguien:	Ese barco viene de Valencia. Vengo del dentista.
y preguntarlo:	¿De dónde viene ese barco?
preguntar si está permitido o no hacer algo en un lugar:	¿Se puede fumar aquí?
y responder:	Aquí no se puede fumar.
preguntar qué sucede en un lugar:	¿Qué pasa?
y responder a esa pregunta:	Que viene el tren.
pedir una repetición:	¿Cómo dice?
y darla:	Que vengo del dentista.
presentar una cosa que se muestra:	Ésa es la catedral.
usar números de 100 a 1.000:	Cien, ciento uno, ciento una, doscientos, doscientas ... mil.

8 Van a llegar

Al final de esta unidad serás capaz de hablar de lo que sucederá en el futuro, de indicar lo que necesitas y de pedirlo, de preguntar para pagar en un establecimiento, y de controlar el mensaje de tu interlocutor. Habrás ampliado también tus posibilidades de relacionarte socialmente.

I **Van a comer.**

Así se habla de lo que tendrá lugar en un futuro cercano.

voy			
vas			llam**ar**
va		a	com**er**
vamos			escrib**ir**
vais			
van			

☞ 13

Van a comer.

Están comiendo.

La manera más frecuente de referirse a lo que sucederá en el futuro más o menos cercano es utilizar el verbo ir seguido de a y un infinitivo:

Van a venir mañana.

Estas frases con ir a + infinitivo son idóneas para indicar las intenciones y, por lo tanto, se usan con frecuencia para hablar de los planes:

Mañana vamos a ir al cine.

Para preguntar por los planes, usa: ¿Qué vas a hacer...?

¿Qué vais a hacer el martes?

el lunes
el jueves

8. Van a llegar

 1. Di, con los verbos indicados, qué piensan hacer las personas de los dibujos.

MODELO: 1. Van a hacer deporte.

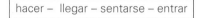

hacer – llegar – sentarse – entrar

 2. Aquí tienes una página de la agenda de Luis Cánovas, con sus planes para cada día de la semana. Un/a compañero/a te va a preguntar por los planes de cada día. Contéstale.

notas **1990**

ENERO - semana 04

lunes ① 23	**jueves** ④ 26	
Ir al banco	Comer con Andrés y sus amigos	
martes ② 24	**viernes** ⑤ 27	
COMPRAR: fruta café cervezas	Escribir a Felipe	
miércoles ③ 25	**sábado** ⑥ 28	**domingo** ⑦ 29
Ir al dentista Llamar por teléfono a María	Esperar a mis padres en la estación de autobuses	Hacer deporte Visitar a mi hermano

MODELO: A: ¿Qué va a hacer Luis Cánovas el lunes?

B: El lunes va a ir al banco.

El martes...   El jueves...   El sábado...

El miércoles...   El viernes...   El domingo...

 3. Ahora vamos a hablar de ti. Di a tus compañeros/as cuáles son tus planes para cada día de la próxima semana. Pregúntales también qué van a hacer ellos/as.

MODELO: A: El lunes voy a ir al dentista.

Y vosotros, ¿qué vais a hacer?

B: Yo voy a ir al cine.

C: Y yo voy a estudiar.

II **Necesito un café**.

Así puedes manifestar tus necesidades.

Para dar expresión lingüística a lo que alguien necesita se usa el verbo necesitar seguido de un nombre:

Necesito un café.

Necesitan un cuchillo.

4. Escucha y numera las cosas que necesitan las personas que hablan.

- [ ] un cigarro
- [ ] unos zapatos nuevos
- [ ] libros nuevos
- [ ] papel
- [ ] un coche
- [ ] un pañuelo
- [ ] las llaves

5. Di qué cosas necesitan las personas de los dibujos. Elige la palabra adecuada entre las del recuadro.

MODELO: 1. Necesita un abrigo.

un pañuelo	un bolígrafo
un libro	una cámara de vídeo
una cuchara	un cajón
un tenedor	un abrigo
agua	unos zapatos

1

2

3

4

5

8. Van a llegar

III

me da
nos da   ☞ 10,4

¿Me da fuego?
Déme fuego, por favor.

Así se piden las cosas.

Para pedir objetos o cosas emplea una frase con el verbo dar y el nombre de la cosa que quieres obtener.

Observa que puedes pedir las cosas de dos maneras diferentes:

– una, más cortés y más suave, disfrazando tu petición bajo la forma de una pregunta:

¿Me das tu pasaporte, por favor?   ¿Nos da dos cafés con leche?

– otra, que ya conoces, con el imperativo:

Dénos dos cervezas, por favor.   Dame un cigarro.

Las palabras me y nos señalan a la persona o personas que reciben lo que se pide. Son otras formas de los pronombres yo y nosotros.

☞ 10

¿**me** da?	¿**nos** da?
dé**me**	dé**nos**
¿**me** das?	¿**nos** das?
da**me**	da**nos** ☞ 10,7

6. Lee el texto de los diálogos del vídeo de esta unidad. Subraya los casos de expresión de necesidades y de peticiones.

7. Vuelve a mirar los dibujos del ejercicio 5. Imagina que esas personas se encuentran contigo. ¿Qué cosas te pedirían?

MODELO: 1. Déme un abrigo. / ¿Me da un abrigo?

● ●

IV

Pasa, pasa.
No. Tú primero, por favor.

Así se cede el paso a otra persona.

¿Puedes hablar más alto/bajo?
¡Más despacio/rápido, por favor!

Así se pide al interlocutor que hable más alto, bajo, despacio o rápido.

¿Cuánto es?
¿Cuánto es esto?
¿Cuánto es todo?

Así se pregunta para pagar.

Son 250 pesetas.
250 pesetas.

Y así se contesta.

8. Escucha y luego lee el diálogo con un/a compañero/a.

9. Escucha y, tras oír la señal, pide a la señora que cambie su forma de hablar. Ella te va a hacer caso y va a repetir por segunda vez su mensaje.

10. Eres el/la comprador/a de estos tres objetos. Tras oír la señal, pregunta para pagar al empleado. Cuando te conteste, señala a qué objeto se ha referido.

11. Tus compañeros/as son un/a camarero/a, un mecánico, un/a vendedor/a de periódicos, un fontanero y un/a vendedor/a de una tienda de alimentación. Pregúntales para pagarles. Ellos/as te contestan.

8. Van a llegar

1. Escucha estos diálogos del vídeo y luego complétalos con un/a compañero/a.

con él
con usted
con nosotros
con vosotros
conmigo
contigo   ☞ 10

1. LUIS: Vengan, vengan ustedes ... Niños, ... también vosotros. ¡Despacio, no ...! Mirad. ... también ustedes.
   NIÑOS: ¿Qué estás ...?
   LUIS: ... hablando con ellos.
   NIÑOS: ¿... es eso?
   LUIS: ¿Esto? Una máquina de fotos. ..., pero no toques esto.

2. LUIS: ¿Me pasas la sal, por favor?
   CHICO: Aquí no hay.
   LUIS: ¿... ... usted la sal, por favor?
   SEÑOR: ... usted.
   LUIS: Gracias.
   LUIS: ¿... ... una ensalada tropical?
   CAMARERO: Mire, ... una ensalada tropical.

2. Haz lo que se te pide.

1. Estás en la estación de autobuses de Salamanca. Pregunta la procedencia de un autobús que acaba de llegar.
2. Estás en la estación de autobuses de Salamanca. Pregunta el destino de un autobús que está a punto de salir.
3. Son las ocho de la tarde. Quieres cenar en un restaurante. Es temprano para cenar en España, y no sabes si puedes entrar. Pregúntaselo a un camarero que está junto a la puerta.
4. En la calle. Ves a la gente aglomerarse junto a una señora que está muy pálida. Quieres saber qué sucede. Pregúntalo.
5. Alguien te dice algo y no lo comprendes. Pídele una repetición.
6. Tú y muchas otras personas esperáis a la puerta de un hotel para ver al famoso cantante Pepe Gómez, que está en la ciudad. Uno de los que está por allí, que no sabe qué sucede, te pregunta: "¿Qué pasa?". Contéstale.
7. Sirves de guía a una persona que visita tu ciudad. Muéstrale algunas de estas cosas, a medida que vais pasando cerca: la estación, tu casa, tu escuela, el parque, la catedral y otros lugares de tu ciudad.

3. Escucha y luego escribe las frases en tu cuaderno.

MODELO: El hermano de Felipe está hablando con una mujer.

El hermano de Felipe	fumar
Mis padres	comer
Luis	hablar con una mujer
El señor Fernández	escuchar la radio
Aquel chico	aparcar el coche

4. Di a estas personas que hagan cosas usando en su forma apropiada alguna de las palabras siguientes: correr, sentarse, coger, venir.

1. Quieres ofrecer asiento a don Felipe, que ha ido a verte a tu despacho.
2. Animas a tu amigo Manuel, que está participando en una carrera popular y va el segundo.
3. Quieres que tu hijo Luis se acerque a ti.
4. Acerca una bandejita con caramelos a Isabel y Diego, compañeros de clase.

5. Vas a oír una serie de palabras en grupos de tres. En cada grupo, una de ellas tiene poco que ver con las demás. Escribe esa palabra en tu cuaderno.

6. ¿Qué preguntarías en las situaciones que se te proponen? El cuadro te ayudará.

	meter	en	el cine?
	comer	en	folleto?
¿Se puede	coger	la maleta	esta calle?
	aparcar	un	catedral?
	visitar	la	aquí?

1. Visitando un monumento, ves unos folletos de información turística y no sabes si está permitido coger uno.
2. Has comprado un bocadillo. Estás en el cine. No sabes si está permitido comer allí.
3. Vas en el avión, y llevas una maleta no muy grande contigo. Quieres meterla en el hueco que hay en la parte superior, sobre los asientos de los pasajeros, pero no sabes si está permitido.
4. Entras con tu coche en una ciudad. Quieres aparcar. Encuentras sitio en una calle, pero ves en toda ella unas marcas azules sobre el suelo y no sabes si está permitido dejar el coche allí.
5. Estás haciendo turismo. Llegas a la catedral de la ciudad. No sabes si está permitido visitarla en ese momento.

8. Van a llegar

7. Une cada elemento de la columna de la izquierda con su correspondiente de la columna de la derecha y escribe cada pregunta completa en tu cuaderno, dejando espacio para las respuestas.

PREGUNTAS

1. ¿Cómo se...	...gafas?
2. ¿Es suyo este...	...por favor?
3. ¿Dónde...	...aquí?
4. ¿Cómo se escribe su...	...coche?
5. ¿De quién son estas...	...viene David?
6. ¿A dónde va...	...este tren?
7. ¿Quiere...	...llama usted?
8. ¿Hay alguna farmacia por...	...es todo?
9. ¿Qué es...	...pasa?
10. ¿Me pasas el tenedor,...	...están los cigarros?
11. ¿Qué...	...fumar aquí?
12. ¿De dónde...	...eso?
13. ¿Cuánto...	...usted una cerveza?
14. ¿Se puede...	...apellido?

8. Aquí tienes las respuestas. Busca cuál corresponde a cada pregunta y escríbela en tu cuaderno debajo de ésta.

RESPUESTAS

a) No, no hay ninguna.

b) Felipe García Sánchez.

c) No, no se puede.

ch) Son suyas.

d) No, no es mío.

e) Esto es un zumo de naranja.

f) Toma.

g) ¿García? Con ce.

h) Que no se puede fumar aquí.

i) 1.450 pesetas.

j) En el cajón de la mesa.

k) A Barcelona.

l) Sí, gracias.

ll) De la calle.

9. Ahora escucha las preguntas y contesta con la respuesta adecuada.

TRANSCRIPCIÓN DE LOS DIÁLOGOS DEL VÍDEO

PRIMERA PARTE

Presentación

PRESENTADOR: Hola. ¿Cuánto es?

QUIOSQUERO: Setecientas diez.

PRESENTADOR: ¿Cuánto es? ¿Cuánto? Más alto, por favor. ¡Ah!, gracias.

SEÑORA: ¡Socorro! ¡Socorro! ¡Socorro! ¡Socorro!

PRESENTADOR: ¿Qué pasa? Más despacio, por favor... ¿Puede hablar más alto?

SEÑORA: ¡Socorro!

PRESENTADOR: Perdón, ¿qué le pasa?

SEÑORA: ¿Me da el periódico?

PRESENTADOR: ¿Qué?

SEÑORA: Déme el periódico, por favor.

Telecomedia

CARMEN: ¿Me das una cebolla? ¿Me das el limón?

DAVID: ¿Qué te pasa?

MARÍA: ¿De dónde vienes?

DAVID: Del parque. ¿Qué está haciendo?

MARÍA: Está haciendo la comida.

CARMEN: ¡David! ¡Las aceitunas!

DAVID: ¿Qué aceitunas?

SEÑORA: ¿Me da una revista?

PELUQUERA: ¿Puede hablar más alto, por favor?

SEÑORA: ¿Me da una revista?

JUAN: ¿Cuánto es?

PELUQUERO: "Mil entas".

JUAN: ¿Cómo?

PELUQUERO: Mil entas.

JUAN: ¿Puede hablar más despacio, por favor?

PELUQUERO: Mil quinientas, señor.

JUAN: ¿Puedo pagar con tarjeta?

PELUQUERO: "Pende jeta".

JUAN: Perdón, no entiendo. ¿Puede hablar más ...?

PELUQUERO: Ya. Que depende de la tarjeta. ¡Vale! ¡Cobrando "mil entas" con "jeta"!

CARMEN: ¡Ay! ¡Ya está!

MARÍA: Carmen, ¿me das un pañuelo? ¿Qué pasa? ¿Qué estás haciendo?

CARMEN: ¿Dónde está la ...?

MARÍA: Ahí debajo.

CARMEN: ¿Dónde está la caja de herramientas?

MARÍA: No sé.

CARMEN: ¡Socorro! ¿Dónde está David?

MARÍA: ¡David! ¡Socorro!

DAVID: ¿Qué pasa?

SEGUNDA PARTE

Presentación

SEÑORA: ¿Va a llamar por teléfono?

PRESENTADOR: ¡No, pase, pase!

SEÑORA: Gracias.

PRESENTADOR: Adiós. Así...

SEÑORA: ¡Ya, ya! Gracias. Necesito monedas. Muchas gracias. Voy a llamar.

PRESENTADOR: De nada. Hasta luego.

SEÑORA: ¡Eh!, ¡oiga!

PRESENTADOR: ¡Socorro!

Telecomedia

SEÑORA: ¿Cuánto es?

DEPENDIENTA: Mil trescientas.

SEÑOR: Mil, cien, doscientas, mil trescientas.

DEPENDIENTA: Gracias. Adiós. ¿Qué desea?

JUAN: Una tarta.

DEPENDIENTA: Tenemos de chocolate, trufa, fresa, limón, nata, kiwi, naranja, moka...

JUAN: ¿Puede hablar más despacio, por favor?

DEPENDIENTA: Cho-co-la-te, tru-fa, fre-sa, li-món, ...

JUAN: De cho-co-la-te, gra-cias.

DEPENDIENTA: ¡De-na-da!

CARMEN: Necesito un martillo.

DAVID: Toma.

CARMEN: Voy a probar con esto.

MARÍA: Lo vas a romper.

CARMEN: Mamá...

MARÍA: Hija, necesitamos un fontanero.

CARMEN: No. Voy a hacerlo yo. Dame la llave inglesa.

DAVID: ¿Dónde está?

CARMEN: Allí.

MARÍA: Van a llegar los invitados.

CARMEN: Ya lo sé, mamá.

DAVID: ¿Necesitas el destornillador?

CARMEN: No, no.

DAVID: ¿Sí?

JUAN: ¿Está Carmen?

DAVID: Sí, sí.

DAVID: ¿Sí?

ÓSCAR: Soy Óscar. ¿Está tu hermana?

DAVID: Sí.

JUAN: ¡Pasa, pasa!

ÓSCAR: Tú primero, por favor.

ÓSCAR: Hola, qué tal.

JUAN: Buenos días.

MARÍA: Buenos días. ¿Qué tal?

CARMEN: ¡Socorro!

JUAN: ¿Qué pasa?

ÓSCAR: ¿Qué es eso?

MARÍA: ¡Pasad, pasad!

ÓSCAR: Tú primero.

JUAN: No, no, tú primero, por favor.

PRESENTADOR: Adiós.

8. Van a llegar

● **AHORA YA PUEDES...**

hablar de lo que tendrá lugar en un futuro cercano:	Va a llover mañana.
y de tus intenciones y de tus planes:	Voy a comprar un coche. Vamos a ir a Salamanca.
manifestar tus necesidades:	Necesito un pasaporte nuevo.
pedir cosas:	¿Me da un pañuelo? Déme fuego, por favor.
ceder el paso a otra persona:	Pase, pase. Usted primero.
pedir a tu interlocutor que hable más alto, más despacio, etc.:	¿Puede hablar más despacio? Más alto, por favor.
preguntar para pagar:	¿Cuánto es? ¿Cuánto es todo?
y responder:	Son 250 pesetas.

9 ¿Quién es ése?

Al final de esta unidad serás capaz de preguntar por la identidad de las personas y de las cosas, de identificarlas por su apariencia, por su localización o por el parentesco, y de decir su nacionalidad.

I **¿Quién es ése?**
¿Quiénes son éstos?

Son Carmen y Juan.

Así se pregunta por la identidad de una persona.

Y así se contesta.

Para preguntar por la identidad de las personas se usa quién o quiénes y el verbo ser:

— ¿Quién es esta niña?   — ¿Quiénes son ésos?
— Mi hermana.   — Son los padres del novio.

Para indicar la identidad se usa también el verbo ser, seguido de algún rasgo identificador:

Ésa es Carmen.   Aquél es el profesor.   Éstos son mis padres.

¿quién?
¿quiénes?   ☞ 12

9. ¿Quién es ése?

1. Estas fotos son de un joven que se llama Carlos. Escucha y marca si lo que oyes es verdadero (V) o falso (F).

1. ☐   2. ☐   3. ☐   4. ☐   5. ☐   6. ☐

2. Llaman a la puerta. Antes de abrir, pregunta quién llama. En la casete te responderán. Marca quién ha llamado.

la policía ☐   el profesor ☐   el mecánico ☐

el médico ☐   tu padre ☐   el cartero ☐

● ●

II

¿Cuál es su vestido?
¿Cuál es la madre del novio?
Ése.
La señora de la izquierda.

Así se pregunta para identificar una cosa o una persona entre varias.

Y así se contesta.

Para identificar una cosa entre varias, se pregunta con cuál o cuáles y el verbo ser:

    ¿Cuál es tu vestido?   ¿Cuáles son tus zapatos?

También es posible usar qué seguido de un nombre:

    — Dame el bolígrafo.   — ¿Qué bolígrafo?   — El azul.

Puedes usar cuál para identificar a una persona entre varias, pero es mejor usar quién:

    ¿Cuáles son los padres del novio?

    ¿Quiénes son los padres del novio?

¿cuál?
¿cuáles?   ☞ 12

¿Qué bolígrafo?
¿Qué gafas?   ☞ 12

Para contestar a las preguntas ¿cuál o ¿quién?, te puedes referir a la localización de las personas o de las cosas:

— ¿Cuál es el novio?   — ¿Cuál es su nieto?

— El chico de la derecha.   — El niño de la izquierda.

— El de la derecha.   — El de la izquierda.

También te puedes referir a su aspecto:

— ¿Quién es la madre?   — ¿Quién es el padre?

— La señora rubia.   — El señor moreno.

— La rubia.   — El moreno.

También se pueden identificar personas o cosas sin pregunta alguna:

La del vestido verde es la madre.   La de verde es la madre.

La chaqueta amarilla es mía.   La amarilla es mía.

Las fotos de la boda son las tuyas.   Las de Palma son las mías.

3. Te encuentras en estas situaciones. Pregunta por las personas o las cosas que te interesan. Tu compañero/a te contestará.

1. Un/a compañero/a ha dejado olvidado el bolígrafo en tu mesa y te lo pide. Pero hay dos más en la mesa. Pregunta a tu compañero/a por su bolígrafo.

2. Has dejado tus gafas de sol nuevas en una mesa. Cuando vas a cogerlas hay otras al lado tan parecidas que no sabes muy bien cuáles son las tuyas. Pregunta a tu compañero/a.

3. En un grupo de personas están Pepe y María, a quienes no conoces. Pregunta por ellos.

4. Escucha y contesta.

MODELO: CASETE: Dame el bolígrafo.

TÚ: ¿Qué bolígrafo?

5. Escucha y marca la persona o el objeto.

AYUDA: primero, segundo, tercero..., izquierda, derecha.

el primero por la derecha , el cuarto por la izquierda...

9. ¿Quién es ése?

 6. Estas personas son personajes de la Telecomedia. Pregunta por ellos a un/a compañero/a. Él/Ella los identificará por el elemento que está entre paréntesis.

MODELO: A: ¿Quién es Carmen?

B: (Carmen es) la de la falda marrón.

1. Carmen (falda) 2. Luis Cánovas (corbata) 3. David (pantalones) 4. Juan (camisa) 5. El novio de Carmen (zapatos)

 7. Mira los dibujos y pregunta a un/a compañero/a por una de las personas o de las cosas de cada pareja.

MODELO: A: ¿Quién es Diego?

B: El gordo.

1
Coche: Juan (pequeño) Carmen (grande)

2
Diego (gordo) José (delgado)

3
La madre (baja) La hija (alta)

4
Zapatos: Óscar (nuevos) David (viejos)

5
Pelo: Julio (rubio) Víctor (moreno)

6
Corbata: Emilio (bonita) Pepe (fea)

8. Mira los dibujos del ejercicio 7 y completa oralmente las frases.

1. El coche de Juan ... ... pequeño.
2. La hija ... ... alta.
3. Los zapatos de David ... ... viejos.

 9. Fíjate de nuevo en los dibujos del ejercicio 7. Di quién o qué es cada persona y cada cosa, por parejas.

MODELO: El coche de Juan es el pequeño y el de Carmen es el grande. / El coche de Juan es el pequeño y el de Carmen, el grande.

● ●

III

Es inglesa.
Es de Inglaterra.

¿De dónde es?

Así se indica la nacionalidad de una persona.

Y así se pregunta.

Para preguntar por el lugar de nacimiento o por la nacionalidad de una persona usa la expresión ¿de dónde? y el verbo ser:

¿De dónde eres?   ¿De dónde es Juan?

Para responder o para indicarlo, se usa la preposición de y el nombre de la ciudad o país; también se puede usar el correspondiente adjetivo:

Soy de París.   Son de Salamanca.
Carla es de Italia.   Es de Inglaterra.
Somos alemanes.   Yoko es japonesa.

 10. Escucha y luego completa oralmente las preguntas.

1. ¿De dónde ... ustedes?
2. Y tú, ¿de dónde ...?
3. ¿De dónde ... vosotros?
4. Y usted, ¿de dónde ...?

 11. Dibuja una bandera de un país distinto que el tuyo. Un/a compañero/a te pregunta tu nacionalidad. En ese momento muestras la bandera y dices de dónde eres.

12. Habla con tus compañeros/as siguiendo el modelo.

MODELO: (dibujo 2)

A: ¿Quiénes son estos chicos?

B: (Son) Marc y René.

C: ¿Quién es René?

D: El de la derecha. / El de la camisa blanca.

E: ¿De dónde son?

F: De Francia. Son franceses.

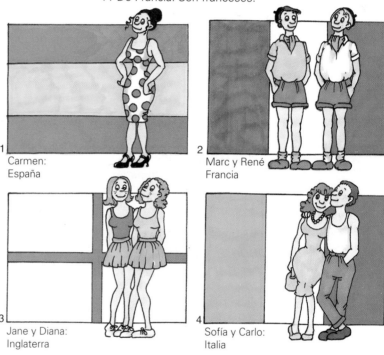

1
Carmen:
España

2
Marc y René
Francia

3
Jane y Diana:
Inglaterra

4
Sofía y Carlo:
Italia

Y POR FIN...

13. Escucha el diálogo y luego complétalo con dos compañeros/as.

LUIS: Oiga, ¿... es ese señor?

FOTÓGRAFO: Es el ... de la novia, y ... ... derecha es su ... , la madre de la novia.

LUIS: ¿Y ésa de la izquierda, ... vestido ...?

FOTÓGRAFO: Elisabeth, la ... del novio.

LUIS: ¿Elisabeth? ¿De ... es?

FOTÓGRAFO: Inglesa.

JOVEN: ¡Qué bonito es el ... !

LUIS: ¿... ...?

JOVEN: El de la ... , hombre.

LUIS: Ah, sí, sí, muy ... . Oye, ¿... ... ese señor?

JOVEN: ¿...?

LUIS: Ése, ... gris.

JOVEN: El cura.

TRANSCRIPCIÓN DE LOS DIÁLOGOS DEL VÍDEO

PRIMERA PARTE

Presentación

PRESENTADOR: ¿Qué tal? Miren. Esto es una boda española. La novia ... el novio ... y ése es .... Oiga, ¿quién es ése?
FOTÓGRAFO: Es el padre de la novia, y la de la derecha es su mujer. La madre de la novia.
PRESENTADOR: Ya ven ustedes…
FOTÓGRAFO: ¡Oye, Carlos!
NOVIO: ¿Qué?
FOTÓGRAFO: ¡La corbata! ¡Un momento...!
PRESENTADOR: ¿Y ésa de la izquierda, la del vestido azul?
FOTÓGRAFO: Elisabeth, la madre del novio.
PRESENTADOR: ¿Elisabeth? ¿De dónde es?
FOTÓGRAFO: Inglesa.
PRESENTADOR: Es inglesa. Y usted, ¿de dónde es?

FOTÓGRAFO: ¡Don Julián! Mire aquí, por favor. Una, dos y ...
JOVEN: ¡Un momento!
FOTÓGRAFO: Una, dos y ... ¡tres!

Telecomedia

ANDRÉS: "Conocer España". Tres, uno, uno.
CARMEN: ¡Un momento! La señora rubia. Sí, usted, por favor. A la derecha. El niño alto, un poco más a la izquierda. ¡Oye, Andrés! ¡Pon eso al fondo!
ANDRÉS: ¿Puedo pasar por aquí?
CARMEN: Sí, sí.
AYUDANTE: ¡Oye, tú! ¿A dónde vas?
EXTRA: A los servicios.
AYUDANTE: Espera un momento.
CARMEN: ¡Ven aquí!
AYUDANTE: ¡Veinte minutos de descanso!
CARMEN: Hola, buenos días.
DIEGO: Hola, ¿qué tal?
JUAN: Buenos días.
GUITARRISTA: Perdón, con permiso.
JUAN: ¿Quién es ése?
CARMEN: El guitarrista.
EXTRA 1: Ése es mi marido y aquél es mi hijo. Se llama Ángel.
EXTRA 3: ¡Mamma mía! ¡Qué calor!
EXTRA 2: ¿De dónde es usted?
EXTRA 3: De Italia. Soy italiano. Y usted, ¿de dónde es?
EXTRA 2: De Madrid.
EXTRA 3: Mi mujer también es de Madrid.
EXTRA 2: ¡Ángel! ¡No cojas eso!
AYUDANTE: Bueno, vamos a empezar. ¡Niño!

SEGUNDA PARTE

Presentación

JOVEN: ¡Qué bonito es el vestido!
PRESENTADOR: ¿Cuál?
JOVEN: El de la novia, hombre.
PRESENTADOR: Ah, sí, sí, muy bonito. Oye, ¿quién es ese señor?
JOVEN: ¿Qué señor?
PRESENTADOR: Ése, el de gris.
JOVEN: Ah, ése es el cura.
NOVIA: Papá, ¿dónde está el cura?
DON JULIÁN: ¿El cura? Pero, ¿quién es el cura?
PRESENTADOR: El de gris, don Julián, el de gris. Allí está. ¡Buen viaje! Hasta luego.

Telecomedia

EXTRA 4: ¿Dónde está mi madre?
JUAN: ¿Quién es su madre?
DIEGO: ¿Quién es la madre de este niño?
CARMEN: Aquella señora del fondo.
DIEGO: ¿Qué señora?
CARMEN: La del vestido verde.
EXTRA: ¡Ángel!
CARMEN: Vamos a empezar.
ANDRÉS: "Conocer España". Tres, uno, dos.
CARMEN: ¡Acción!
ENCARGADO DE SONIDO: ¡Un momento!, No...
ANDRÉS: "Conocer España". Tres, uno, tres.
CARMEN: ¡Ese cable!
EXTRA 3: ¡Mamma mía!
CARMEN: ¿Y ahora, qué hacemos?
EXTRA : Mi marido es músico.
CARMEN: ¿Es usted músico?
EXTRA 3: Sí.
CARMEN: Lo siento pero no... ¿Quién está tocando la guitarra?
PRESENTADOR: Adiós, hasta luego.

9. ¿Quién es ése?

● **AHORA YA PUEDES...**

preguntar por la identidad de alguien:	¿Quién es ésa? ¿Quiénes son aquéllos?
e identificarlo:	Ésa es Carmen. Aquellos son mis padres.
preguntar para identificar a alguien o algo entre varios:	¿Quién es la madre del novio? ¿Cuál es la madre del novio? ¿Cuál es tu bolígrafo?
e identificar las personas o las cosas por su posición entre varios:	El chico de la derecha. El de la derecha.
o por sus características:	La señora rubia. La rubia. El bolígrafo azul. El azul. El chico de la camisa roja. El de la camisa roja. El de rojo.
preguntar el origen o la nacionalidad de las personas:	¿De dónde es usted?
e indicar el origen o la nacionalidad:	Soy de Madrid. Soy italiano. Es de Francia.

10 ¿Qué día es hoy?

Al final de esta unidad serás capaz de hablar de la fecha del día y de la hora, de hacer sugerencias e invitaciones, y de agradecerlas.

I

Hoy es jueves.

Hoy es catorce.

Estamos a veinticinco.

Así se indica la fecha del día.

¿Qué día es hoy?

¿A qué estamos?

Y así se pregunta.

Para indicar la fecha del día se usa:

– es, seguido del día de la semana o del mes:

    Hoy es jueves.   Hoy es catorce.

– estamos a, seguido normalmente del día del mes:

    Estamos a catorce.

Las preguntas correspondientes serán:

    ¿Qué día es hoy? / ¿Qué es hoy? / ¿A qué estamos hoy?

10. ¿Qué día es hoy?

1. Escucha y tacha en la última semana del calendario las fechas que dicen los personajes.

SEPTIEMBRE						
Lunes	Martes	Miércoles	Jueves	Viernes	Sábado	Domingo
					1	2
3	4	5	6	7	8	9
10	11	12	13	14	15	16
17	18	19	20	21	22	23
24	25	26	27	28	29	30

2. Contesta a la pregunta de cada persona teniendo en cuenta el día en el que esa persona está colocada.

RECUERDA:

lunes

martes

miércoles

jueves

viernes

sábado

domingo

3. Escucha el diálogo y luego léelo con tu compañero/a.

HOMBRE: Elena, ¿qué día es hoy?

ELENA: Pues domingo.

HOMBRE: Ya, mujer, ya. Pero ¿a qué estamos?

NIÑO: A veintidós.

ELLA: No, hijo, no. Estamos a veintitrés.

4. Lee otra vez el diálogo del ejercicio 3 y contesta.

1. ¿Qué día de la semana es?

2. ¿El hombre pregunta el día de la semana o del mes?

3. ¿Qué día del mes es?

II

Es la una.
Son las cinco.

Así se dice la hora.

¿Qué hora es?
¿Tiene hora, por favor?

Y así se pregunta.

y diez
y cuarto
y media
menos veinte
menos cuarto

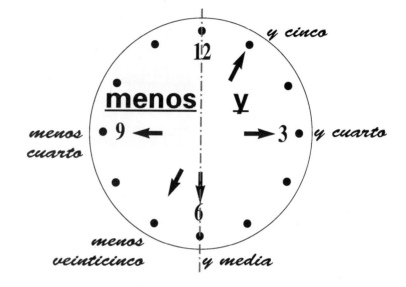

Para hablar de la hora se emplea el verbo ser.

– Para la una: es. Es la una.

– Para el resto de las horas: son. Son las cinco.

Frases como Son las veintitrés horas sólo se usan en español en situaciones muy determinadas. Lo usual, cuando se quiere distinguir, es utilizar las palabras mañana, tarde y noche. Así:

Son las once **de** la mañana.

Son las tres **de** la tarde.

Son las once **de** la noche.

Los límites convencionales más aceptados son:

mañana   ⟶   hasta la una (las 13)

tarde   ⟶   hasta las ocho o las nueve (las 20 o las 21)

noche   ⟶   hasta la una (la 1)

Estos límites no coinciden exactamente con los que rigen el uso de buenos días, buenas tardes y buenas noches.

Para preguntar se usa el verbo ser, siempre en la forma es:

¿Qué hora es?

También se puede preguntar con el verbo tener:

¿Tienes hora?

¿Tiene usted hora, por favor?

10. ¿Qué día es hoy?

 5. Escucha y repite.

 6. ¿A cuál de los relojes corresponde cada frase?

a) Son las dos menos diez.

b) Las nueve y veinticinco.

c) Es la una y media.

d) Son las nueve y cuarto.

e) Las diez menos cinco.

 7. Escucha y escribe las horas del recuadro en la ciudad correspondiente.

| 14 h. | 22 h. | 13 h. | 10 h. | 8 h. | 16 h. | 21 h. |

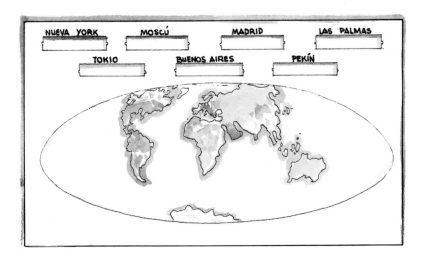

 8. ¿Qué hora es en cada reloj?

una **hora**
un cuarto de hora
un minuto

pero:
media hora
hora y media

9. ¿Qué espacio de tiempo ha transcurrido entre cada pareja de relojes del ejercicio anterior?

1. Entre el reloj 1 y el 2.
2. Entre el reloj 3 y el 4.
3. Entre el reloj 5 y el 6.

10. Haz, por medio de gestos, algo que se hace a una hora determinada, por ejemplo ponerse el pijama y pregunta: ¿Qué hora es? Tus compañeros/as responderán.

● ●

III

— **¿Nos vamos?**   *Así se hace una propuesta.*

— **Vale.**   *Y así se responde.*
  Muy bien.
  De acuerdo.

— **Os invito a una copa.**   *Así se invita.*

— **Bueno.**   *Así se acepta una invitación.*

— **No, yo no puedo. Gracias.**   *Y así se rehúsa.*
  Es tarde.

— **Gracias por la copa.**   *Así se agradece una invitación.*

Preguntas del tipo ¿Nos **vamos**?, ¿Toma**mos** un café?, ¿Ve**mos** la televisión?, ¿Va**mos** al cine?, son en realidad propuestas, que se convierten en invitaciones si la actividad sugerida cuesta dinero (como tomar un café en un bar, ir al cine) y el que la propone se muestra dispuesto a pagar lo de todos.

Algo similar ocurre con los recursos para ofrecer algo, y que ya conoces: ¿Queréis una copa? ¿Una cerveza?

PRONOMBRES:
te invito
la invito a usted
os invito

☞ 10.2

Si quieres que la invitación quede explícita, usa invitar a:

Te invito a un café.   La invito a usted al cine.

Puedes aceptar o no la propuesta o la invitación, con recursos que ya conoces:

— ¿Vemos la televisión?   — Os invito a un café.
— De acuerdo.   — No, yo no puedo. Gracias.

Si al dar las gracias quieres indicar el motivo, hazlo con por:

Gracias **por** las flores.
Gracias **por** el regalo.
Gracias **por** su visita.

11. Escucha el diálogo y luego léelo con tus compañeros/as.

12. Completa con un/a compañero/a cada diálogo con una de las propuestas del recuadro.

MODELO: — Mira, ésa es la iglesia del pueblo.
— ¿Entramos?

A. ¿Las llevamos?

B. ¿Nos vamos?

C. ¿Entramos?

D. ¿Descansamos un rato?

E. ¿Vemos una película?

F. ¿Salimos un momento?

1. — ¿Se puede fumar aquí dentro?
— No, dentro no. ¿…?

2. — Ése es el vídeo nuevo de mi padre.
— ¿…?

3. — ¿…?
— No, yo no puedo irme todavía.

4. — ¿…?
— Bueno, pero es tarde.

5. — Mira, las amigas de Felipe.
— ¿…?
— Sí, para.

13. Escucha las invitaciones y di a qué dibujo corresponde cada una.

1   2   3   4

TRANSCRIPCIÓN DE LOS DIÁLOGOS DEL VÍDEO

PRIMERA PARTE

Presentación

PRESENTADOR: ¿Qué tal? Estamos viendo una película.
JOVEN DE LA PELÍCULA: Oye, ¿qué hora es?
OTRO: Las siete y cuarto.
CHICA DE LA PELÍCULA: ¡Son las siete y cuarto!
JOVEN DE LA PELÍCULA: Ya, ya, perdona.
MONTADOR: ¿Tienes hora, Luis?
PRESENTADOR: Sí, son las seis menos veinte. ¿Quieres un café?
MONTADOR: ¿Qué?
PRESENTADOR: Que te invito a un café.
MONTADOR: ¡Ah! Muy bien. Vamos. ¿Qué día es hoy?
PRESENTADOR: Jueves.
MONTADOR: Ya, pero ¿a qué estamos?
PRESENTADOR: A doce.
MONTADOR: ¡Anda! ¡El cumpleaños de mi mujer!
PRESENTADOR: Hoy es jueves, doce: el cumpleaños de su mujer.

Telecomedia

JEFE: Oye, ¿qué es hoy?
DIEGO: Viernes.
JEFE: Ya, ya, pero ¿a qué estamos?
DIEGO: A veinticinco.
ROSI: ¡Su cita!
JEFE: ¡Ahí va! ¡Las cinco menos cuarto! Me voy enseguida.
JEFE: Rosi, ¿quién es ése?
ROSI: ¿Quién?
JEFE: El del casco.

ROSI: Es... Alberto.
JEFE: Ah. ¿Y quién es Alberto?
ROSI: Pues... Alberto.
JEFE: Ah. Pues no le conozco.
ROSI: ¡Es nuevo!
JEFE: ¡Ah!
ROSI: Las cinco menos diez... Va a llegar tarde.
JEFE: Sí, sí, ya me voy. Hasta luego. Adiós, Diego.
DIEGO: Hasta luego, jefe.
ROSI: ¡Ya!, ¡ya!
DIEGO: ¿Qué te pasa?
ROSI: ¿A mí? Nada.
CARMEN: Diego, ¿qué día es hoy?
DIEGO: Veinticinco.
TODOS: Cumpleaños feliz...
DIEGO: ¡Pero bueno!
TODOS: ¡Felicidades! ¡Feliz cumpleaños, Diego! ¡Que cumplas muchos!
CARMEN: Ya tienes treinta años, ¿eh?
DIEGO: ¡Si, treinta! Ya soy un viejo.
TODOS: Uno, dos, tres, cuatro,...
DIEGO: ¿Queréis tomar una copa?
TODOS: Sí, sí.
JUAN: ¿Una copa? Aquí no hay nada...
DIEGO: Sí, sí,...
JUAN: ¿Dónde?
DIEGO: ¡Aquí! ¡Tatacháááán! Os invito a comer, os invito a beber y.... ¡os invito a bailar!

SEGUNDA PARTE

Presentación

MONTADOR: ¿Vamos?
PRESENTADOR: Vamos. ¿Entramos?
JOVEN DE LA PELÍCULA: Ya, ya, perdona. Toma; ¿lo abres?
CHICA DE LA PELÍCULA: No, ahora no. Muchas gracias por el regalo.
JOVEN DE LA PELÍCULA: De nada. ¿Bailamos?
CHICA DE LA PELÍCULA: Sí, muy bien.
PRESENTADOR: ¿Bailamos? Gracias. Hasta luego.

Telecomedia

JUAN: Gracias.
ROSI: Toma.
JUAN: Gracias, ya tengo.
DIEGO: ¿Bailamos, Rosi? Venga.
ROSI: No, ahora no, estoy con...
DIEGO: ¿Con quién?
ROSI: Con... con... Huy, con la tarta.
DIEGO: Vamos, venga.
CARMEN: ¡Juan! ¡Ven!
JUAN: ¡Espera!
CARMEN: ¿Vamos...?
JUAN: ¿A dónde?
CARMEN: Allí.
JUAN: ¿Solos?
CARMEN: Sí, solos.
JUAN: Ah... Vale.
ROSI: ¡Ay!
DIEGO: ¿Qué pasa?

ROSI: ¡Mi pie! ¡Ay!
DIEGO: ¿Qué pasa ahora?
ROSI: ¡La cabeza!
CARMEN: ¡Diego...!
DIEGO: ¡No...!
JUAN: Sí, si.
CARMEN: ¿Lo abres?
DIEGO: ¡Muchas gracias por el regalo!
JUAN: De nada.
DIEGO: ¡Gracias...!
ROSI: ¿Bailamos?
JUAN: ¿Perdón?
ROSI: Que si bailamos.
JUAN: No, ahora no.
ROSI: Ahora sí. Vamos.
JUAN: No sé... ¿qué hora es?
ROSI: Las seis y media.
JUAN: Es muy tarde.
ROSI: Buena hora para bailar, las seis y media de la tarde. Vamos.
JUAN: ¡Muy bien! ¡Diego, un rock por favor!
COMPAÑERO: ¡El jefe! ¡Viene el jefe!
JUAN: ¿El jefe?
DIEGO: ¡El jefe!
ROSI: ¡Olé, olé, el jefe!. Buenas tardes, señor Irízar, ¿qué tal?
JEFE: ¿Qué?, ¿celebramos el cumpleaños de Diego?
TODOS: ¿Quéééé?
JEFE: ¡Feliz cumpleaños, Diego!
DIEGO: Gracias, jefe.
PRESENTADOR: Buenas tardes. Adiós, buenas tardes.

10. ¿Qué día es hoy?

● **AHORA YA PUEDES...**

indicar la fecha del día:	Hoy es jueves. Hoy es catorce. Estamos a veinticinco.
y preguntarla:	¿Qué día es hoy? ¿Qué es hoy? ¿A qué estamos hoy?
decir la hora:	Es la una. Son las cinco de la tarde.
y preguntarla:	¿Qué hora es? ¿Tiene hora, por favor?
hacer una propuesta:	¿Nos vamos?
y responder:	Muy bien. De acuerdo. Vale. No, yo no puedo.
invitar a algo:	Te invito a un café. ¿Un café?
y aceptar o no:	Muy bien. No, gracias, ahora no puedo.
agradecer una invitación:	Gracias por la copa.

11 ¿Cuánto cuesta éste?

Al final de esta unidad serás capaz de desenvolverte eficazmente en las compras: de preguntar el precio de las cosas, de pedirlas, de preguntar su procedencia y su nombre.

I

¿Qué precio tiene esta camisa?   *Así se pregunta el precio de algo.*

¿Cuánto cuestan estas gafas?

Siete mil quinientas.   *Y así se contesta.*

Para preguntar el precio de algo se usa: ¿Qué precio tiene ...? o ¿Cuánto cuesta ...?:

    ¿Qué precio tiene esta camisa?

    ¿Qué precio tienen las naranjas?

    ¿Cuánto cuesta la gasolina en España?

    ¿Cuánto cuestan estas camisas?

Te contestarán diciendo el precio de una de esas cosas; por ejemplo, para una camisa:

    Siete mil quinientas.

    Siete mil quinientas pesetas.

    Son siete mil quinientas pesetas.

Otras veces te dirán el precio de una cantidad característica:

    Ciento setenta y cinco **el kilo.**

    Ochenta y nueve pesetas **el litro.**

    Doscientas pesetas **la docena.**

11. ¿Cuánto cuesta éste?

Las fórmulas ¿A cuánto está...? y ¿A cómo está...? suelen usarse para los artículos que varían frecuentemente de precio, en especial los de alimentación. Observa que la respuesta comienza también con la palabra a:

— ¿A cuánto están las fresas?
— A trescientas diez el kilo.

— ¿A cómo está la merluza?
— A dos mil.

Tanto la pregunta como la respuesta se refieren al precio de la cantidad habitual de compra: un kilo, un litro, una docena...

Es muy barato. = ¡Qué barato!   Es muy caro. = ¡Qué caro!
Atención: **Las** postales: ¡Qué barat**as**!/¡Qué car**as**!
          Los sellos: ¡Qué barat**os**!/¡Qué car**os**!

1. Mira las fotografías. Pregunta el precio de cada uno de los objetos cuando oigas el número de la foto. Una voz te contestará. Entonces, escribe en la etiqueta el precio en cifras y da tu opinión sobre éste.

MODELO: CASETE: Uno.

TÚ: ¿Qué precio tiene el jersey?

CASETE: ¿El jersey? Ocho mil seiscientas.

TÚ: ¡Qué caro!

1. jersey   8.600   2. bolso   [ ]

3. postales [ ]   4. merluza [ ]

2. Escribe algunas de las siguientes palabras en papelitos y anota un precio en la parte de atrás. Después extiende esos papelitos ante ti, con las palabras a la vista. Imagina que son artículos que tú vendes en tu tienda. Tus compañeros/as te preguntan el precio. Contéstales tras mirarlo en la parte posterior de los papelitos.

camisa, chaqueta, falda, pantalones, jersey, calcetines, zapatos, bolso, postales, fresas, manzanas, pescado, atún, merluza, carne, huevos, vino tinto, tarta, pasteles, sellos, colonia, jabón, champú, dentífrico, cepillo de dientes.

● ●

II

Una botella de agua, por favor.   *Así se piden cosas en las tiendas.*
Déme un sello, por favor.
Quería un reloj.

Las fórmulas para pedir cosas en las tiendas no se diferencian de las que ya conoces desde la unidad 8 para pedir cosas en cualquier otra situación: Un..., por favor o Déme un..., por favor:

Un kilo de tomates, por favor.

Déme una botella de vino tinto, por favor.

Recuerda que también es posible pedir por medio de una pregunta:

¿Me da un sello de 25 pesetas?

En algunos establecimientos (tiendas de comestibles, bares, cafeterías, gasolineras...), es normal pedir con la fórmula Póngame... o Pónganos...:

Póngame medio kilo de naranjas.

Pónganos dos cafés solos. (Para dos personas.)

Póngame dos mil pesetas de gasolina.

o usando la pregunta correspondiente:

¿Me pone doscientos gramos de jamón?

¿Nos pone una cerveza?

Ten en cuenta, no obstante, que siempre es posible en este tipo de establecimientos pedir simplemente con el nombre de la cosa:

Medio kilo de naranjas.   Dos cafés solos.

Dos mil pesetas de gasolina.   Doscientos gramos de jamón.

Atención: en establecimientos comerciales no ligados a artículos de alimentación (tiendas de ropa, zapaterías, joyerías, agencias de viajes, librerías, tiendas de discos y de regalos, etc.,) comienza la petición con Quería:

Quería unos pantalones blancos.   Quería un reloj.

11. ¿Cuánto cuesta éste?

3. Responde al saludo que te hacen y, a continuación, pide estas cosas al tendero.

MODELO: CASETE: Buenos días. ¿Qué desea?

Tú: Buenos días. Póngame doscientos gramos de jamón, por favor.

o: Buenos días. ¿Me pone doscientos gramos de jamón?

o: Buenos días: Déme doscientos gramos de jamón.

¿Cuánt**o** aceite?
¿Cuánt**a** leche?
¿Cuánt**os** libros?
¿Cuánt**as** botellas?

1. doscientos gramos de jamón
2. una lata de atún
3. una botella de vino tinto
4. un bocadillo de queso
5. dos kilos de naranjas

4. Pide estas cosas con las fórmulas que acabas de aprender.

MODELOS: 1. Quería una camisa.

7. Póngame un kilo de pescado.

1. una camisa
2. una chaqueta
3. unos zapatos
4. un trozo de tarta
5. unos calcetines
6. una botella de agua
7. un kilo de pescado
8. un bocadillo de jamón
9. un cepillo de dientes

5. Vuelve a usar los papelitos del ejercicio 2. Tú eres dependiente en un establecimiento comercial, y tus compañeros/as son personas que van a comprar.

● ●

— **¿Cuántos sellos?**   *Así se pregunta la cantidad de algo.*

— **Dos.**   *Y así se responde.*

Pregunta la cantidad usando cuánto, cuánta, cuántos o cuántas:

¿Cuánto dinero?

¿Cuántos sellos?

Y observa cómo no es necesario citar el nombre si tu interlocutor lo ha hecho ya. En la respuesta no aparece el nombre sellos:

— ¿Me da unos sellos?

— ¿Cuántos quiere?

Puedes contestar a las preguntas con ¿cuánto? usando un número (dos, cinco, etc.), y palabras como docena, kilo, gramo, litro, etc.:

— ¿Cuántos huevos?

— Dos docenas.

— ¿Cuántas fresas quiere?

— Medio kilo.

6. Escucha y pregunta la cantidad de cada cosa que oigas.

MODELO: CASETE: Necesito naranjas.

TÚ: ¿Cuántas?

7. Quieres cocinar estos dos platos para cuatro personas. Mira los ingredientes. Ve a comprar los que necesitas; un/a compañero/a es el tendero.

Carne con tomate
1 kg de carne
1/2 kg de patatas
tres tomates
1/2 litro de agua
medio vaso de aceite
un poco de sal

Flan
1/2 docena de huevos
1 litro de leche
80 g de azúcar
un limón

8. Mira otra vez los ingredientes de los platos del ejercicio anterior. Imagina que los estás preparando en la cocina, y que un/a compañero/a te está ayudando. Pídele las cosas que necesitas.

MODELO: A: Necesito huevos.

B: ¿Cuántos quieres?

A: Media docena.

● ●

IV

— **¿Cómo se llama eso?**   *Así se pregunta el nombre de algo.*

— **No lo sé.**   *Así se contesta si se desconoce el nombre,*

— **Chopitos.**   *y así se contesta si se sabe el nombre.*

— **¿De dónde son los chopitos?**   *Así se pregunta la procedencia de algo.*

— **Andaluces.**   *Y así se contesta o se dice la proce-*

— **Son de Málaga.**   *dencia de algo.*

Si desconoces el nombre de una cosa, pregúntalo con ¿Cómo se llama?:

¿Cómo se llama eso?

Y si desconoces la respuesta a una pregunta que te hacen, reconócelo diciendo No sé o No lo sé.

Ya sabes cómo hablar del lugar de procedencia:

Estas gafas son francesas.

Pregunta con ¿De dónde? y usa el verbo ser:

— ¿De dónde es esta camisa?   — ¿De dónde son estas fresas?

— Italiana.   — De Huelva.

INTERROGATIVOS:

¿qué?   ¿cuánto?
¿quién?   ¿cómo?
¿cuál?   ¿dónde?

☞ 12

11. ¿Cuánto cuesta éste?

9. Tus compañeros/as te preguntan cómo se llaman estas cosas en español. Contéstales diciendo sus nombres. Si no lo sabes, confiésalo. Ya sabes cómo hacerlo.

 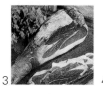

1   2   3   4   5   6

SOLUCIÓN: 1. Kiwi. 2. Paella. 3. Jamón. 4. Botón charro. 5. Palillos. 6. Bota.

10. Mira las soluciones al ejercicio anterior. Pregunta ahora a tus compañeros/as la procedencia de esas cosas.

SOLUCIÓN:

4. Salamanca (España).   5. China.   6. España.

1. Nueva Zelanda.   2. Valencia (España).   3. España.

11. Escucha el diálogo sin mirar el texto. Después, complétalo oralmente con un compañero/a. Por último, volved a oír la grabación para comprobar si está bien lo que habéis dicho.

FRUTERA: Buenos días.

CLIENTE: Buenos días. ¿… da unas fresas?

FRUTERA: Sí, señor. ¿… quiere?

CLIENTE: ¿A cuánto …?

FRUTERA: A trescientas cincuenta el kilo.

CLIENTE: ¡Qué …!

FRUTERA: ¿Cómo dice?

CLIENTE: … son muy caras. Bueno, póngame … kilo.

FRUTERA: Muy bien. Medio … de fresas.

CLIENTE: Póngame también naranjas.

FRUTERA: ¿Cuántas quiere?

CLIENTE: Dos kilos … medio.

FRUTERA: De acuerdo.

CLIENTE: Oiga, ¿cómo se … eso?

FRUTERA: ¿Esto? Chirimoyas.

CLIENTE: Déme una, por favor.

FRUTERA: Tome.

CLIENTE: Gracias. ¿… … todo?

FRUTERA: Quinientas veinticinco pesetas, señor.

CLIENTE: Tome. Muchas gracias. Adiós.

FRUTERA: Adiós, hasta luego.

TRANSCRIPCIÓN DE LOS DIÁLOGOS DEL VÍDEO

PRIMERA PARTE

Presentación

PRESENTADOR: Un kilo de fresas, por favor. Hola, ¿qué tal? Estoy haciendo compras. ¿Quieren una fresa? ¡Qué buena!

PRESENTADOR: ¿A cuánto están las naranjas?

DEPENDIENTA: A 120 pesetas el kilo.

PRESENTADOR: ¿A cuánto están las naranjas?

DEPENDIENTA: ¡Muy bien! A 120 pesetas el kilo.

PRESENTADOR: Póngame tres kilos. Y déme también dos limones.

MADRE: ¡Niño! ¡No toques eso!

Telecomedia

JUAN: ¿Cómo se llama eso?

DEPENDIENTA: Tarta de Santiago.

JUAN: ¿Quieres?

CARMEN: Sí.

JUAN: Déme dos trozos.

CARMEN: ¡Ahhhh!

JUAN: ¿Qué pasa?

CARMEN: Mira. Necesito un regalo para Óscar.

DEPENDIENTA: ¿Quieren ustedes una tarta?

JUAN: ¿Cuánto...?

DEPENDIENTA: Dos mil doscientas.

JUAN: ¿Dos mil doscientas? Qué caro, ¿no?

DEPENDIENTA: Es el día de los enamorados, hombre...

JUAN: Ah, no, no. Las tartas no, esto. ¿Cuánto es esto?

DEPENDIENTA: Perdón. Son 220 pesetas.

CARMEN: ¿Qué hora es?

JUAN: La una menos cuarto.

CARMEN: Es muy tarde. Van a cerrar las tiendas. Vamos.

JUAN: ¿A dónde? ¿Qué vas a comprar?

CARMEN: El regalo.

JUAN: ¿El regalo?

CARMEN: Sí, hombre, el regalo de Óscar.

JUAN: Ah, claro, el día de los enamorados.

DEPENDIENTE: Buenos días. ¿Qué desea?

ÓSCAR: Un libro de cocina.

DEPENDIENTE: Enseguida. Venga, por favor...

DEPENDIENTE: Aquí están. Éste es muy bueno.

ÓSCAR: "Cocina fácil".

DEPENDIENTE: Y éste es de cocina italiana.

ÓSCAR: ¿Cuánto cuesta éste?

DEPENDIENTE: Ése 1.300 pesetas.

ÓSCAR: Me lo llevo.

DEPENDIENTE 2: Muy bien. ¿Algo más, señor?

ÓSCAR: No, no, gracias.

SEÑOR: Este libro no...

ÓSCAR: Déme el otro libro, por favor. Por favor, ¿a cuánto están las fresas?

DEPENDIENTE 3: Éstas 110, éstas, 130 y aquellas, 160.

NIÑO: Mamá, quiero manzanas.

MADRE: Espera un momento.

NIÑO: Mamá, quiero manzanas.

MADRE: ¡Vale! Espera.

DEPENDIENTE 3: ¿Cuántas quiere?

NIÑO: Quiero una.

MADRE: ¡Niño!

SEGUNDA PARTE

Presentación

PRESENTADOR: ¿De dónde es ese queso? ¿Es francés?

DEPENDIENTE: No, es de Cabrales.

SEÑORA: Quería unos pantalones para este niño.

DEPENDIENTA: ¿Qué niño?

SEÑORA: ¿Dónde está?

NIÑO: ¿Qué es esto?

PRESENTADOR: Queso.

NIÑO: ¿Y esto qué es?

PRESENTADOR: No sé.

NIÑO: ¿Es colonia?

PRESENTADOR: No lo sé...

NIÑO: Sí, sí. Es colonia.

Telecomedia

ÓSCAR: Póngame medio kilo de almejas.

PESCADERO: ¿Éstas o ésas?

ÓSCAR: Éstas.

ÓSCAR: No, no. Ésas...

PESCADERO: ¿Algo más?

ÓSCAR: Dos kilos de mejillones.

PESCADERO: Son estupendos.

ÓSCAR: No, no, no, sólo un kilo, por favor.

PESCADERO: ¿Algo más?

ÓSCAR: Sí, dos kilos de langostinos. ¿De dónde son?

PESCADERO: De Galicia

ÓSCAR: ¿De Galicia? ¿De verdad?

PESCADERO: Sí, señor.

ÓSCAR: ¿Cuánto es todo?

PESCADERO: Ocho mil setecientas cincuenta.

ÓSCAR: Muy barato.

PESCADERO: ¿Qué le pongo, señora?

DEPENDIENTE: Buenos días, ¿qué desean?

CARMEN: Por favor, ¿dónde está la ropa de deportes?

DEPENDIENTE: Por aquí... Aquí está.

CARMEN: Quería un chándal de caballero, pero...

DEPENDIENTE: ¿Para usted?

JUAN: No, no. Es para su novio.

DEPENDIENTE: Ah, ya...

CARMEN: Toma, pruébatelos, por favor.

JUAN: ¿Yo?

CARMEN: Sí... ¡Por favor!

11. ¿Cuánto cuesta éste?

DEPENDIENTE: El probador está allí. Bonito, ¿verdad? Es italiano.

CARMEN: ¿Italiano?

DEPENDIENTE 4: Sí, mire.

CARMEN: ¡Es feísimo! Toma estos también.

DEPENDIENTA: ¿Qué desea?

ÓSCAR: Mmmm... no lo sé.

DEPENDIENTA: Este traje es estupendo. Muy barato. Y estas gafas también son muy baratas. Y esto, y esto... El probador está allí. Venga, por favor.

CARMEN: Ése es muy bonito, pero... pruébate éste.

JUAN: Carmen, por favor...

CARMEN: Un momento. Es el último, de verdad.

DEPENDIENTE: ¿Éste?

CARMEN: Sí, sí. Ése. Ése es estupendo para Óscar. Sí, sí, sí. Para Óscar, estupendo. Sí, sí.

ÓSCAR: ¡No, no, no, no, no! Ése no. Es feísimo.

CARMEN: ¡Óscar!

JUAN: ¡Óscar!

DEPENDIENTE: ¿Óscar?

DEPENDIENTA: ¿Óscar?

ÓSCAR: ¡Óscar!

PRESENTADOR: Adiós. Hasta luego.

AHORA YA PUEDES...

preguntar el precio de algo, y responder:	— ¿Qué precio tiene esta camisa? — Siete mil quinientas. — ¿Cuánto cuesta el billete? — Cuatro mil quinientas pesetas. — ¿A cuánto están las fresas? — A doscientas el kilo.
pedir algo en una tienda:	Una botella de leche, por favor. Déme dos sellos. ¿Me da dos postales? Póngame medio kilo de fresas. ¿Me pone unas naranjas? Quería una camisa blanca.
preguntar y decir la cantidad de algo:	— ¿Cuántos huevos? — Media docena. — ¿Cuánto jamón? — Doscientos gramos. — ¿Cuántos sellos? — Doce.
preguntar el nombre de algo:	¿Cómo se llama eso?
y decir que desconoces la respuesta a una pregunta:	No sé. No lo sé.
preguntar y hablar de la procedencia de algo:	— ¿De dónde son esas fresas? — Son de Aranjuez. Esta camisa es italiana.

12 Pero, ¿qué es usted?

Al final de esta unidad serás capaz de hablar de la profesión y de otras características de las personas: edad, estado civil, propiedades y posesiones. También conocerás una nueva forma de solicitar actividades de los demás.

I

— **Mi papá es policía.**

— **¿Qué es tu mamá?**

Así se indica la profesión.

Y así se pregunta.

Para preguntar por la profesión se usa ¿Qué es...?

    ¿Qué es tu padre?

    ¿Qué es tu novia?

Para indicarla se usa el verbo ser seguido del nombre de la profesión:

    Elena es médico.

    Son mecánicos.

1. Escucha y numera las profesiones que vas oyendo.

☐ cartero	☐ empleado de banco	☐ camarera
☐ periodista	☐ enfermero	☐ profesora
☐ vendedora	☐ directora	☐ secretario

2. Pregunta a un/a compañero/a la profesión de estas personas. Él/Ella te contestará.

MODELO: A: ¿Qué es Antonio?

B: Es médico.

3. Haz gestos y toma actitudes típicas de una profesión; pregunta: ¿Qué soy? Tus compañeros/as te contestarán.

II Carlos tiene dos coches, pero no tiene casa.

La casa tiene jardín, pero no tiene garaje.

Así se habla de las posesiones de las personas.

Así se habla de las características de las cosas.

Para hablar de las propiedades materiales de las personas se usa tener y el nombre de la cosa poseída.

¿Tienes dinero?

Tienen un barco.

Tengo muchos relojes.

Se puede usar esta misma construcción para hablar de las propiedades o características de algo o de alguien:

— ¿Tiene usted hijos?

— Sí, tengo dos.

La habitación no tiene baño.

4. Escucha estas preguntas personales y contesta con la verdad.

MODELO: CASETE: ¿Tiene usted coche?

Tú: Sí, sí tengo. / No, no tengo.

Tengo un libro. → Tengo uno.

☞ 7.1

5. Con un/a compañero/a, habla de estas personas como en el modelo.

MODELO: 1. A: Carlos tiene camisa.

B: Pero Andrés no tiene camisa.

TENER: Presente

tengo

tienes

tiene

tenemos

tenéis

tienen

☞ 16.3

1

2

3

4

6. Construye las frases como en el modelo.

MODELO: una hora - minutos → Una hora tiene sesenta minutos.

1. un año - semanas

2. un año - meses

3. un año - días

4. un mes - días

5. una semana - días

6. un día - horas

7. Escucha y contesta.

● ●

III **¿Vienen ustedes conmigo?** *Así le puedes pedir a alguien que haga algo.*

¿Vienen conmigo?

Para pedir a alguien que haga algo, se puede usar:

– el imperativo:

Compra el periódico.

Pasen ustedes.

– una pregunta, que hace la solicitud más cortés y más suave:

¿Compras el periódico?

¿Traes unas cervezas?

8. Pide a estas personas que hagan las cosas indicadas.

MODELO: a tu hermana: apagar la radio ⟶ ¿Apagas la radio?

1. a tu amigo/a: encender la luz
2. al conserje: cerrar la puerta
3. a tu compañero/a: abrir la ventana
4. al vendedor: coger el paquete
5. al recepcionista del hotel: traerme la maleta
6. a tu profesor/a: traer el casete

9. Repasa el vocabulario con tus compañeros/as. Dices un verbo. Él/La siguiente da una orden a otro/a con ese verbo. Los/Las demás transforman la orden como en el modelo.

A: Jugar.
B: Juega conmigo.
C: Jugad conmigo.
D: ¿Juegas conmigo?
E: ¿Jugáis conmigo?

● ●

IV

— **¿Cuántos años tiene?**　　　*Así se pregunta la edad.*

— **Tiene veintitrés años.**　　　*Y así se responde.*

— **¿Está casado?**　　　*Así se pregunta por el estado civil.*

— **No. Está soltero.**　　　*Y así se responde.*

Para preguntar por la edad se usa la construcción ¿Cuántos años...? y el verbo tener:

¿Cuántos años tienes?

Se puede responder diciendo sólo una cantidad:

Veinticinco.
Dieciocho.

Para indicar la edad se usa el verbo tener seguido del número de años; así:

Tengo treinta y siete años.
Julia tiene doce años.

Para hablar del estado civil se usa:

estar +
soltero, -a
casado, -a
viudo, -a
divorciado, -a

—¿Está usted casado?
— No, no. Estoy soltero.

10. Mira estos carnés de identidad y pregunta a un/una compañero/a la edad y la dirección de sus titulares.

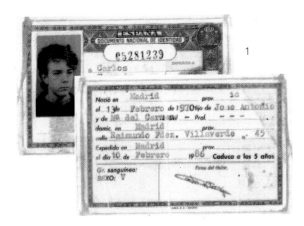

1

2

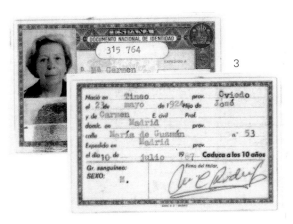

3

 11. Tus compañeros/as se han convertido en niños/as; pregúntales su edad hablándoles de tú. Ellos/Ellas te contestan. Luego, tus compañeros/as se convierten en ancianos/as; pregúntales su edad y su estado civil usando las formas correspondientes a usted. Ellos/Ellas te contestan.

MODELOS: 1. A: ¿Cuántos años tienes?

           B: (Tengo) siete años.

     2. A: ¿Cuántos años tiene usted?

           B: (Tengo) cuarenta y dos años.

           A: ¿Y está casado/a?

           B: No, divorciado/a.

12. Pero, ¿qué es usted?

12. Habla con tu compañero/a del estado civil de las personas indicadas.

> MODELO: Elena. Su marido murió el año pasado.
>
> A: ¿Está casada Elena?
>
> B: No. Es viuda. Su marido murió el año pasado.

1. Loli y Pepe. Se casaron en 1981.
2. Alfonso. Su mujer lo abandonó y él consiguió el divorcio.
3. Luisa tiene novio por primera vez.
4. Ana y Andrés. Se casaron ayer.

RECUERDE: ¿nombre?
¿apellidos?
¿dirección?
¿teléfono?

Para rellenar formularios y documentos te preguntarán así:
– la profesión: ¿profesión?
– la edad: ¿edad?
– el estado civil: ¿estado civil?

13. Pide sus datos a un compañero/a y rellena el formulario.

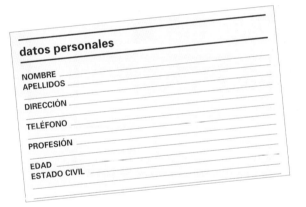

datos personales

NOMBRE
APELLIDOS

DIRECCIÓN

TELÉFONO

PROFESIÓN

EDAD
ESTADO CIVIL

14. Escucha y contesta con tus datos.

Y POR FIN...

15. Contesta oralmente a las siguientes preguntas referidas a las Presentaciones y a la Telecomedia de esta unidad.

1. ¿Tiene hijos Luis Cánovas?
2. Luis Cánovas habla con dos niños. ¿Qué es la mamá de los niños?
3. ¿Están comprando Carmen y Juan las entradas?
4. Juan y Carmen miran un libro. ¿Qué tiene el libro?
5. ¿Cuánto cuesta el libro?
6. ¿Qué tiene Carmen en el bolso?
7. ¿Luis Cánovas está soltero?
8. ¿Cuántos años tiene Luis Cánovas?

TRANSCRIPCIÓN DE LOS DIÁLOGOS DEL VÍDEO

PRIMERA PARTE

Presentación

PRESENTADOR: Hola, ¿qué tal? ¿Vienen conmigo? Hoy estamos en Granada. ¿Vamos? ¿Me cobras este libro, por favor?

VENDEDOR: ¿Tiene usted casete?

PRESENTADOR: Sí.

VENDEDOR: Tome. Un regalo.

PRESENTADOR: Muchas gracias.

VENDEDOR: ¿Tiene usted hijos?

PRESENTADOR: No, no tengo. No tengo hijos.

VENDEDOR: Pues tome.

SEÑORA: Oiga, yo sí tengo hijos. Estos dos.

VENDEDOR: ¿Qué es tu papá?

NIÑO 1: Es policía.

VENDEDOR: Toma.

NIÑO 2: Mi mamá es enfermera.

VENDEDOR: Toooma...

SEÑORA: Gracias.

NIÑO 1: Y mi abuelo es...

SEÑORA: ¡Niiiño!

PRESENTADOR: Su papá es policía. Su mamá es enfermera... y usted, ¿qué es? ¿Qué profesión tiene? Ah, muy bien.

Telecomedia

CARMEN: ¿Me enseña algún libro sobre la Alhambra?

DEPENDIENTE: Sí, un momento. Mire.

JUAN: ¿Tiene fotos?

CARMEN: Sí. Mira.

JUAN: ¿Tiene más libros?

DEPENDIENTE: Sí, sí, un momento. Mire éstos.

JUAN: Éste es estupendo.

CARMEN: Es verdad. Bueno, nos llevamos éste.

JUAN: ¿Cuánto es?

DEPENDIENTE: Mil seiscientas pesetas.

JUAN: Por favor, ¿dónde está la entrada?

DEPENDIENTE: Allí al fondo.

JUAN: Muchas gracias.

DEPENDIENTE: De nada. Adiós.

JUAN: Hasta luego.

CARMEN: Hasta luego. ¿Compras tú las entradas?

JUAN: Sí.

CARMEN:¿Tienes dinero?

JUAN: Sí, sí, tengo. Sí, sí, tengo...

CARMEN: Toma. Ahora sí tienes dinero.

JUAN: Mira, Carmen.

CARMEN: ¿Quién es ése?

JUAN: Es un rey de la Alhambra.

CARMEN: ¿Cómo se llama?

JUAN: Yusuf. Y éste es su hijo. Muhammad.

GUÍA: Buenos días. ¿Es usted el profesor Serrano?

JUAN: Sí, sí. Soy yo.

GUÍA: Yo soy su guía.

CARMEN: Huy, ¿ya son las cuatro?

JUAN: Mi compañera, Carmen Alonso.

CARMEN: Encantada.

JUAN: ¿Qué tal? ¿Es usted profesora también?

CARMEN: No, no, soy de televisión.

GUÍA: Bueno, ¿empezamos la visita?

JUAN: Sí, sí, vamos.

GUÍA: ¿Tiene usted máquina de fotos?

CARMEN: Sí, tengo una en el bolso.

GUÍA: Va a necesitarla.

CARMEN: Parece Yusuf, el rey.

GUÍA: Vamos a la Sala de los Reyes.

SEGUNDA PARTE

Presentación

NIÑO 1: ¿Estás casado?

PRESENTADOR: No, no. Estoy soltero.

NIÑO 1: Mi mamá sí esta casada.

NIÑO 2: Mi papá también está casado.

NIÑO 1: Claro.

NIÑO 2: ¿Cuántos años tienes?

PRESENTADOR: Treinta y seis.

NIÑO 1: Yo tengo siete años. Y mi hermano, cuatro.

PRESENTADOR: Cuatro. Yo tengo...., treinta y seis años. ¿Y usted, cuántos tiene?

Telecomedia

GUÍA: Tengo recuerdos muy agradables de esta sala.

CARMEN: ¡Qué bonita! Pero hay mucha gente, ¿no?

GUÍA: Sí, demasiada.

JUAN: Bueno, pero éste es su trabajo, ¿no? Es usted guía.

GUÍA: A veces.

CARMEN: Pero ¿no es usted guía de la Alhambra?

GUÍA: Bueno. La Alhambra es como mi casa.

JUAN: ¿Qué te pasa?

CARMEN: No sé, tengo algo en los ojos.

JUAN: ¿Quieres un pañuelo?

CARMEN: Gracias.

JUAN: ¿Ya?

CARMEN: Sí, sí, vamos.

GUÍA: Esta sala se llama "Sala de los Reyes" por las pinturas del techo.

CARMEN: ¿Me das el libro?

JUAN: ¿Qué vas a mirar?

CARMEN: La foto del rey. Son iguales.

JUAN: Iguales, iguales, no... éste tiene barba y el guía no.

CARMEN: Pero mira los ojos. Son los mismos. ¿Cuántos años tiene el rey en el libro?

JUAN: Treinta y cinco años.

GUÍA: ¿Vamos a visitar otra sala?

CARMEN: ¿Cuántos años tiene usted?

GUÍA: Treinta y cinco. Ésta es la sala de "Las dos hermanas". Es la preferida de Yasmina.

CARMEN: ¿Yasmina? ¿Su mujer? ¿Está usted casado?

GUÍA: Sí, estoy casado.

CARMEN: ¡Ya está! Mira. Lee esto.

JUAN: "El Rey y Yasmina..."

12. Pero, ¿qué es usted?

CARMEN: ¿Ves? La mujer del rey también se llama Yasmina, como la del guía.

JUAN: ¡Dame el libro!

GUÍA: ¡Profesor!

CARMEN: ¡Juan! ¡Juan!

JUAN: ¿Dónde estás?

CARMEN: ¡Estamos aquí!

GUÍA: La escalera está allí.

CARMEN: ¿Qué te pasa?

JUAN: Nada.

GUIA: Ésos son los jardines del Generalife. Maravillosos, ¿verdad?

GUÍA: Conoce usted muy bien este lugar...

CARMEN: ¿Dónde está?

JUAN: Aquí pasa algo raro.

SEÑOR: Perdone, ¿es usted el profesor Serrano?

JUAN: Sí, sí, soy yo, ¿Y usted?

SEÑOR: Yo soy el guía.

CARMEN: ¿El guía?

SEÑOR: Sí, son las cuatro. Tenemos una cita a esta hora.

CARMEN: ¡Las cuatro!

JUAN: ¡Las cuatro!

AHORA YA PUEDES...

preguntar por la profesión:	— ¿Qué es tu mamá?
	— ¿Qué es Julio?
y responder:	— Empleada de banco.
	— Es periodista.
hablar de las posesiones de alguien:	¿Tienes dinero?
	Tienen un barco.
o de las características de algo:	La casa no tiene ventanas.
pedir a alguien que haga algo:	¿Abres la puerta?
	¿Vienes conmigo?
preguntar la edad:	— ¿Cuántos años tiene usted?
y responder:	— Noventa.
preguntar por el estado civil:	— ¿Está usted casada?
y responder:	— No. Estoy soltera.

13 ¿Tiene algo para la garganta?

Al final de esta unidad serás capaz de preguntar si, en un establecimiento público, tienen algo que te interesa. Asimismo, podrás decir dónde vives sin precisar y dónde te alojas con carácter transitorio. Habrás aumentado también tus posibilidades de relación con los demás

I **Hay cerveza alemana.**

Así indican, en los establecimientos, que tienen algo a disposición del público.

¿Tienen rosas rojas?
¿Hay fresas hoy?

Y así se puede preguntar.

Para preguntar en un establecimiento si tienen algo que te interesa, se usa hay o tienen/tiene, seguido del nombre de la cosa:

>   ¿Hay fresas?
>   ¿Tienen camisas italianas?

La misma forma hay, o bien tenemos, la verás escrita, u oirás, para indicar que en un establecimiento hay algo a disposición de los clientes:

>   Hay queso de Burgos.
>   Hay libro de reclamaciones.
>   Hoy tenemos paella.
>   Tenemos pollos asados para llevar.

13. ¿Tiene algo para la garganta?

1. Escucha y marca con una cruz lo que oyes.

1. Hay cerveza alemana. ☐   4. Hay hojas de reclamaciones. ☐

2. ¿Tienen ensalada? ☐   5. Tenemos paella. ☐

3. ¿Tiene rosas rojas? ☐   6. Hay pollos asados. ☐

2. Entras en la tienda del camping donde estás pasando tus vacaciones porque necesitas las cosas de la lista. Pregunta si las hay. Un/a compañero/a te contesta.

MODELOS:

A: ¿Tienen peines? / ¿Hay peines?

B: Sí, tenemos éstos.

A: ¿Tienen colonia? / ¿Hay colonia?

B: No, no tenemos.

Pañuelos
Peine
Cepillos de dientes
Bañador
Jabón
Colonia
Helados
Camisa
Corbata

¿Tienen fresas?

Fresas = nombre contable ⟶ plural

¿Tienen leche?

Leche = nombre incontable ⟶ singular

3. Pregunta en la farmacia si tienen algo para...

MODELO: 1. ¿Tiene algo para la garganta?

1. la garganta

2. el estómago

3. las muelas

4. la cabeza

5. los ojos

6. los oídos

II

Vivo cerca de la estación.

Así se indica un lugar de manera aproximada.

Estoy en el Hotel Excelsior.

Y así, dónde se reside temporalmente.

En la Unidad 2 vimos cómo dar la dirección completa, señalando la calle, el número, el piso y la puerta:

C/ Goya, 9, 4º, derecha.

A veces no es necesario o conveniente precisar tanto. En ese caso, se usan expresiones como:

	en	
	cerca de	
vivir	al lado de	Vivo en el centro de la ciudad.
estar +	enfrente de	La universidad está cerca del río.
	detrás de	
	delante de	

Cuando estamos de paso o temporalmente en un lugar, para hablar de la dirección no se usa una forma de vivir, sino que se emplea alojarse (más formal) o estar:

—¿Dónde se aloja usted?

— En el Hotel Escala, cerca de la universidad.

—¿Dónde vives?

—No soy de aquí. Estoy en un hotel. Al lado de la estación.

 4. Pregunta dónde viven las personas de la primera columna. Un/a compañero/a te contestará usando una palabra de cada columna.

MODELO: A: ¿Dónde vive Ana?

B: Ana vive cerca del río.

Ana	vivo	en	el centro
Tus padres y tú	vives	cerca de	la catedral
Tú	vive	lejos de	la universidad
Antonio y María	vivimos	al lado de	el río
Tu novio/a	vivís	delante de	el aeropuerto
Vosotros	viven	enfrente de	la comisaría
Tus abuelos		detrás de	la estación
Tus amigos/as			una farmacia
Enrique			la Plaza Mayor

RECUERDA:

de + el ⟶ del

13. ¿Tiene algo para la garganta?

III

De primero una ensalada, y de segundo un filete. De postre, un helado y para beber, vino y agua.

Así se pide en un restaurante.

¿Me trae la cuenta, por favor?
La cuenta, por favor.

Esto es lo que se dice para pagar en un restaurante.

5. Escucha la historieta y luego represéntala con dos compañeros/as.

6. Con dos compañeros/as, representa una escena de restaurante siguiendo el modelo del ejercicio 5. Aquí tenéis la carta.

Restaurante
MENÚ

	PTAS.		PTAS.
Entremeses	900	Cerdo	500
Ensalada	450	Cordero	950
Gazpacho	450	Filete de ternera	950
Tortilla	300	Pollo asado	700
Huevos fritos	300	Postre	250
Patatas fritas	150	Fruta	250
Gambas a la plancha	700	Zumo de naranja	270
Mejillones	600	Helado	270

1. ¿Qué indican estos carteles? Con tus compañeros/as, clasifícalos en: a) prohibiciones; b) indicaciones para actuar. Luego, discutid en qué lugares podéis encontrarlos.

MODELO: Cartel 1: prohibición

Cartel 2: indicación para actuar

Cartel 1: Hay carteles así en los bares.

Cartel 2: Estos carteles están en las puertas de las estaciones, los hospitales, ...

2. Un inspector de policía vigila a Alberto López. Éstas son sus notas. Di si las afirmaciones que siguen son verdaderas o falsas.

> *Martes, 21*
>
> *Ahora A. L. está dentro, en el bar, esperando a Rosi. Todavía es pronto: las siete menos cuarto.*
>
> *Las siete. Llega una mujer, pero no es Rosi. Es la rubia de la falda azul. Entra en el bar. Están hablando. La rubia le da un paquete y se va. Son las siete y cinco.*
>
> *Treinta minutos más y Rosi no viene. A. L. mira el reloj y toma otra cerveza. La novena. ¿Va a venir Rosi o no?*
>
> *Es muy tarde. Las diez menos diez. Rosi no va a venir.*
>
> *A. L. se va.*

1. Las siete menos cuarto. Llega la rubia de la falda azul.

2. La rubia está en el bar diez minutos.

3. Alberto toma la novena cerveza media hora más tarde.

4. Rosi llega a las diez menos diez.

3. Con tres compañeros/as, dramatiza esta situación.

EN UN BAR

Has quedado con un amigo en un bar a las diez de la mañana.

Tu amigo llega con su hermana, a la que no conoces.

El amigo: saluda y presenta a su hermana.

Tú: te presentas a ti mismo.

La hermana: saluda.

El camarero: pregunta qué queréis.

Vosotros: contestáis.

Tú: preguntas a la hermana por su edad y profesión.

La hermana: contesta.

El amigo: te propone ir al cine el domingo.

Tú: aceptas.

La hermana: te pide que le pases su consumición.

Tú: tienes prisa y quieres pagar. Le preguntas al camarero.

El camarero: contesta.

El amigo, la hermana y tú: os despedís.

4. Escucha varias veces este diálogo del vídeo. Luego, con un/a compañero/a, complétalo oralmente.

LUIS CÁNOVAS: Oye, chico ¿... ... la sal, por favor?

CHICO: Aquí no ... . Lo ... . Un momento. Oiga, señor, ¿me ... usted la ...?

SEÑOR MAYOR: ... .

CHICO: ... usted. ... ... la sal.

LUIS CÁNOVAS: Ah, muchas gracias. Perdona, ... también un cuchillo.

CHICO: Por aquí no hay ... .

LUIS CÁNOVAS: Mira, ... , a la derecha ... uno. Por favor, ...

CHICO: Ése es ... señor ... ... barba.

LUIS CÁNOVAS: ¿De ... es?

CHICO: Del de la ... .

LUIS CÁNOVAS: ¡Ah! Vale, vale. Camarero, por favor, oiga ¿ ... ... un cuchillo? No tengo.

CAMARERO: ¡Huy! Perdone usted. Tome; su ... , señor.

LUIS CÁNOVAS: Muchas gracias.

CAMARERO: De nada.

CHICO: ¿... está ...?

LUIS CÁNOVAS: Esto.

CHICO: Sí, claro. ¿Pero qué ... ...?

LUIS CÁNOVAS: ¿...? Una ensalada tropical.

CHICO: ¿Y qué es una ensalada tropical?

LUIS CÁNOVAS: Esto. ¿... un poco? Toma, ...

CHICO: ¡Mm! ¿Puedo ... ... poco?

LUIS CÁNOVAS: Claro, claro. ... .

TRANSCRIPCIÓN DE LOS DIÁLOGOS DEL VÍDEO

PRIMERA PARTE

Presentación

PRESENTADOR: Perdone.

CONDUCTOR: No hablo español... ¿Habla usted alemán?

PRESENTADOR: Lo siento, no hablo alemán.

CONDUCTOR: Ah... sí, gracias.

PRESENTADOR: Hola.

FLORISTA: Hola. ¿Qué desea?

PRESENTADOR: ¿Tiene rosas rojas?

FLORISTA: Sí. Mire.

PRESENTADOR: ¿Y margaritas? ¿Tiene margaritas? Ah, sí. Están allí. ¿Puede enviar un ramo a mi hotel? Margaritas y rosas.

FLORISTA: Sí, ¿dónde vive usted?

PRESENTADOR: En el Hotel Excelsior.

FLORISTA: Hotel...

PRESENTADOR: Sí, cerca de la Alhambra.

Telecomedia

AMPARO: ¡Hola, Pedro, amor mío! Perdón. Tú no eres Pedro.

JUAN: Pues no. Y lo siento.

AMPARO: Y yo también... Perdón. Me llamo Amparo.

JUAN: Encantado. Yo soy Juan.

AMPARO: No eres de Granada, ¿verdad?

JUAN: No, no.

AMPARO: ¿Pero vives aquí?

JUAN: No, vivo en Madrid. ¿Y tú, dónde vives?

AMPARO: Aquí, cerca de la estación. ¿Estás de vacaciones?

JUAN: No, estoy trabajando; pero... hoy voy a visitar la ciudad.

AMPARO: Hombre pues yo también. Encantada.

JUAN: Adiós, encantado.

PEDRO: ¡Amparo!

AMPARO: ¡Pedro!

PEDRO: Toma.

AMPARO: Gracias.

CARMEN: ¿Quién es ésa?

JUAN: ¿Qué te pasa?

CARMEN: La garganta...

JUAN: ¿La garganta?

CARMEN: No voy a ir con vosotros.

JUAN: ¿Quéeeee? Oye, la visita es importante.

CARMEN: Ya, ya... Pero voy a ir a una farmacia. Necesito algo...

JUAN: ¿Te espero en el autobús?

CARMEN: No, no, no me esperes. Vete tú solo.

JUAN: ¿Yo solo? Hombre, no.

CARMEN: Pero yo no puedo hablar. Mira, yo voy a la farmacia.

JUAN: ¿Voy contigo?

CARMEN: No, hombre. Tú tranquilo.

JUAN: Bueno.

FARMACÉUTICO: Así que duerme usted mal, ¿no?

GUÍA: Cuatro días sin dormir. Cuatro.

FARMACÉUTICO: Bueno. Pues con esto va a dormir usted muy bien. Pero cuidado, tome una sola ¿eh? Una sola al día.

GUÍA: Gracias. ¿Cuánto es?

FARMACÉUTICO: Son quinientas diez pesetas.

CARMEN: ¿Tiene algo fuerte para la garganta?

FARMACÉUTICO: ¿Cómo?

CARMEN: Unas pastillas para la garganta.

FARMACÉUTICO: Ah, ya. Espere un momento. Son trescientas veinte pesetas.

CARMEN: ¿Cuántas tomo?

FARMACÉUTICO: Dos cada dos horas.

CARMEN: Gracias.

AMPARO: Hola, Juan.

JUAN: Hola

AMPARO: Vamos en el mismo autobús, ¡qué bien!

JUAN: Sí, estupendo.

GUÍA: ¡Hombre! ¡Vamos a viajar juntos! Sí, ya sé... la garganta. Vamos, tómese una pastilla y siéntese, por favor.

TURISTA 1: Lo siento, no hablo inglés. Lo siento, sólo hablo español. Ah, perdón. Es bonita Granada, ¿verdad? Muy bo-ni-ta Gra-na-da, ¿no?...

SEGUNDA PARTE

Presentación

CAMARERO: Buenos días. ¿Qué desea?

PRESENTADOR: Voy a tomar de primero una ensalada.

CAMARERO: Muy bien. Hoy tenemos un pescado estupendo.

PRESENTADOR: Pues no sé... ¿Hay besugo?

CAMARERO: Sí, señor. Estupendo.

PRESENTADOR: Tienen besugo. Muy bien, de segundo besugo al horno.

CAMARERO: ¿Y de beber?

PRESENTADOR: ¿Tienen cerveza alemana?

CAMARERO: Sí, señor. Mire.

PRESENTADOR: Pues tráigame ahora una cerveza alemana, y para el besugo, vino blanco.

CAMARERO: Muy bien, señor.

PRESENTADOR: ¿Me trae la cuenta, por favor?

CAMARERO: ¿La cuenta? Enseguida, señor.

PRESENTADOR: Adiós, buenas tardes.

CAMARERO: Adiós, buenas tardes.

Telecomedia

TURISTA: ¡Vamos! ¡Ésas caras!

GUÍA: Señorita. Vamos a cenar. Es la hora. Señorita...

CARMEN: ¡Cumpleaños feliz!

GUÍA: Tranquila. ¿Le pasa algo? Enseguida llegamos al restaurante.

TURISTA 1: ¿Tienen cordero?

CAMARERO: Sí, muy bueno.

TURISTA 1: Pues yo voy a tomar de primero unos espárragos, y de segundo, cordero.

TURISTA 2: Yo voy a tomar unas ostras de primero y... ¿Hay besugo?

CAMARERO: Hoy tenemos un pescado estupendo.

13. ¿Tiene algo para la garganta?

TURISTA 2: Bueno. Y besugo de segundo.

TURISTA 3: Yo de primero quiero unos calamares, de segundo...

CAMARERO: Muy bien. ¿Qué desean ustedes?

TURISTA 3: ¿Tienen gambas fritas?

CAMARERO: No, hoy no tenemos.

GUÍA: ¿Tienen gazpacho?

CAMARERO: Sí, señor.

GUÍA: Pues yo, de primero gazpacho. ¿Y usted qué va a tomar?

CARMEN: Una cama, por favor.

CAMARERO: ¿Camarones? ¡Marchando!

GUÍA: Ésas no son sus pastillas; ésas son las mías. Las suyas son éstas. Lo siento mucho. No sé cómo... Lo siento, yo...

CARMEN: Voy a los servicios.

GUÍA: ¿Sola?

CARMEN: Claro. Sola.

GUÍA: Por favor, ¿me trae la cuenta?

CARMEN: ¡No puedo hablar! ¡No puedo hablar!

PRESENTADOR: Buenas noches. Buenas noches.

AHORA YA PUEDES...

preguntar en un establecimiento si tienen algo:	¿Tienen rosas rojas? ¿Hay paella?
e indicarlo:	Hay cerveza alemana. Hoy tenemos cordero.
indicar un lugar de manera aproximada:	Vivo cerca de la estación. La catedral está cerca de la plaza.
indicar también dónde reside temporalmente alguien:	Estoy en el Hotel Excelsior. Se alojan en un hotel, al lado de la estación.
pedir en un restaurante:	De primero... De segundo... De postre... Para beber...
y decir que quieres pagar:	La cuenta, por favor. ¿Me trae la cuenta, por favor?

ANEXOS

La ortografía española responde con bastante fidelidad a la pronunciación. El español tiene cinco sonidos vocálicos y veintiún sonidos consonánticos. Salvo en el caso de las excepciones que se citan en la observación b), a cada sonido le corresponde una letra.

  1 LETRAS Y SONIDOS

VOCALES		
Letra	**Nombre**	**Ejemplos**
a	a	a, da, papá
e	e	e, te, Pepe
i	i	i, ti, Pili
o	o	o, lo, moto
u	u	u, su, sube

CONSONANTES		
Letra	**Nombre**	**Ejemplos**
b	be	bebe, subir, blanco
c	ce	*c + a, o, u:* casa, cosa, cura octavo
		c + e, i: cena, cine, ciudad
ch	che	chico, mucho, coche
d	de	dedo, ciudad, dónde
f	efe	feo, café, fruta
g	ge	*g + a, o, u:* gato, amigo, agua *g + e, i:* pagues, guitarra
h	hache	*no se pronuncia;* hay, ahora, hola
j	jota	jamón, jefe, cajón
k	ka	kilo, kilómetro
l	ele	lunes, limón, alto
ll	elle	llover, calle, allí
m	eme	mamá, camisa, comprar
n	ene	bueno, alemán, noche
ñ	eñe	año, niño, baño
p	pe	papá, pasaporte, plato
q	cu	*siempre como 'qu' + e, i:* queso, aquí
r	erre	*no inicial:* hora, Carlos, comprar *r- inicial:* rubia, rosa, rojo
rr	erre doble	arriba, perro, corre
s	ese	solo, casa, mismo, dos
t	te	aceite, tomate, rato
v	uve	vaso, avión, invitar
x	equis	taxi, extra
y	y griega	playa, yo, vaya *final de palabra:* y, estoy, hay
z	zeta	azúcar, cerveza, izquierda

a) En español los nombres de las letras son femeninos: la a, la uve, etc.

b) Un sonido puede ser representado por más de una letra en los casos siguientes:

- **b** y **v** suenan igual;

- **c** ante **a, o** y **u** suena como **qu** ante **e** o **i**, y como **k**;

- **c** ante **e** o **i** suena igual que **z**;

- **g** ante **e** o **i** suena igual que **j**;

- **gu** ante **e** o **i** suena como **g** ante **a, o, u**. Se pronuncia la **u** en los grupos **gü** y **güi** (observe la diéresis sobre la **ü**): cigüeña, pingüino;

- la **r** a principio de palabra se pronuncia igual que la **rr** entre vocales.

c) La letra **y** tiene dos pronunciaciones muy distintas:

- cuando va a final de palabra y en la palabra y suena como la vocal **i**: Uruguay, pan y agua;

- ante una vocal el sonido es parecido al de la **ll**: ya.

d) En amplias zonas (pero no en el modelo de español que sigue este curso) la **c** ante **e, i** y la **z** se pronuncian como la **s**. Este fenómeno, llamado *seseo*, se da también entre personas cultas y no es incorrecto.

Pronunciación y ortografía

2 LA ACENTUACIÓN

En español, una de las tres últimas sílabas de cada palabra se pronuncia con mayor fuerza o relieve, porque en ella recae el **acento**.

co**mer**	pa**pel**	ciu**dad**	ale**mán**
coche	**mar**tes	**Car**men	**ár**bol
médico	**sá**bado	bo**lí**grafo	**cá**mara

Es muy importante que cada palabra se pronuncie con el acento colocado en el lugar debido. Para lograrlo, éstas son las normas:

a) si la palabra lleva tilde, se acentúa la sílaba en la que está colocada: ale**mán**, **ár**bol, **cá**mara;

b) si la palabra no lleva tilde

- y acaba en **-n, -s** o vocal: se acentúa la penúltima sílaba: **co**che, **mar**tes, **Car**men;

- si NO acaba en **-n, -s** o vocal: se acentúa la última sílaba: co**mer**, pa**pel**, ciu**dad**.

EL GÉNERO

1. Los sustantivos pertenecen bien al género **masculino**, bien al género **femenino**: casa, por ejemplo, es femenino y tren, masculino. En la sección de vocabulario se indica el género de los sustantivos mediante las abreviaturas siguientes: (m.) para el **masculino** y (f.) para el **femenino**.

Masculino terminado en:	Femenino terminado en:
-O	**-A**
(sustantivos y adjetivos)	
abogad**o**	abogad**a**
perr**o**	perr**a**
alt**o**	alt**a**
Consonante	**-A**
(adjetivos gentilicios y sustantivos)	
alem**án**	aleman**a**
profeso**r**	profesor**a**
español	español**a**

2. La mayoría de los sustantivos que se refieren a personas o animales, así como la mayor parte de los adjetivos, tienen una forma para el masculino y otra para el femenino.

   En el cuadro adjunto pueden observarse las reglas básicas de formación del género.

3. Hay sustantivos (en particular muchos de los que designan una profesión) y adjetivos que tienen una sola forma, válida tanto para el masculino como para el femenino y que, en el apartado de vocabulario, se indican mediante la abreviatura (m. y f.).

   En estos casos, el único indicio formal del género del sustantivo o adjetivo es su concordancia con otras palabras (artículos, demostrativos, etc.). Ejemplos:

el dentist**a**	**la** dentist**a**
el médic**o**	**la** médic**o**
el vestido **azul**	**la** corbata **azul**

4. Conviene tener en cuenta que, en español, el masculino plural puede tener dos valores:

   – uno estrictamente masculino:

   > Tengo dos hijos y ninguna hija.
   > **Los** niñ**os** se llaman José y Pedro.

   – otro masculino y femenino al abarcar, de modo indeterminado, los dos géneros:

   > Tiene cuatro hij**os**: dos niños y dos niñas.
   > **Los** niñ**os** se llaman María, Ana y José.

 EL NÚMERO

Palabras cuyo singular termina en:	Forman su plural:
vocal	**añadiendo -s**
niñ**o**	niñ**os**
cas**a**	cas**as**
caf**é**	caf**és**
pap**á**	pap**ás**
consonante	**añadiendo -es**
alem**án**	aleman**es**
español	español**es**
ba**r**	bar**es**
ciuda**d**	ciudad**es**
autob**ús**	autobus**es**

1. La mayoría de las palabras (sustantivos, adjetivos, artículos, demostrativos, posesivos, etc.) pueden ir bien en número **singular** (cuando se refieren a un sólo elemento) bien en número **plural** (cuando se refieren a más de un elemento).

2. En el cuadro adjunto pueden observarse las reglas básicas de formación del plural.

3. Hay que tener en cuenta que algunas palabras van siempre en plural. Es el caso, por ejemplo, de gafas. Estas palabras se indican en la sección de vocabulario por medio de la abreviatura (pl.).

El Rincón de la Gramática

3 LA CONCORDANCIA

El sustantivo impone su mismo género y número a los elementos que lo acompañan (adjetivos, artículos, posesivos, demostrativos, etc.). Es lo que se llama **concordancia.**

un chico italian**o**	**una** chic**a** italian**a**
un**os** chic**os** italian**os**	un**as** chic**as** italian**as**

4 LOS ARTÍCULOS

1. Las formas del artículo son:

el, para **singular masculino: el** niñ**o**
la, para **singular femenino: la** niñ**a**
los, para **plural masculino: los** niñ**os**
las, para **plural femenino: las** niñ**as**

2. Tal y como hemos explicado anteriormente, los artículos concuerdan en género y número con el sustantivo al que acompañan.

3. En ocasiones, el sustantivo ya ha sido mencionado previamente y se omite para evitar repeticiones inútiles, siendo suficiente la referencia del artículo acompañado de algunas de las palabras que normalmente acompañan al sustantivo (adjetivos, posesivos, etc.) o de la construcción de + sustantivo:

— ¿Qué **camisa** quieres?
— **La roja.**

— Dame esas **gafas,** por favor.
— Éstas no son **las tuyas;** son **las mías.**

— ¿Quién es **Pedro**?
— El chico de la derecha, **el de** la camisa verde.

4. Contracciones: el artículo masculino singular el precedido de las preposiciones a o de se une sistemáticamente a ellas y forma una sola palabra:

a + el = al   y   **de + el = del**
Voy **al** cine.   Vienen **del** aeropuerto.

5 LOS DEMOSTRATIVOS

1. Formas del singular y plural para el masculino y el femenino:

	singular			plural		
masculino	este	ese	aquel	estos	esos	aquellos
femenino	esta	esa	aquella	estas	esas	aquellas

2. Los demostrativos concuerdan en género y número con el sustantivo al que acompañan:

est**e** hotel   est**a** calle
est**os** hoteles   est**as** calles

3. Las mismas formas pueden ir o no ir seguidas de un sustantivo; en este último caso, llevan un acento gráfico:

— Este hotel es muy grande.   — Quiero comprar esa camisa.
— **É**ste es más pequeño.   — ¿Cuál? ¿**É**sa?

4. Los demostrativos tienen, además de formas para el masculino y para el femenino, una forma neutra, siendo ésta invariable:

esto	eso	aquello

Empleamos el neutro para referirnos a algo (cosa o acción) cuyo nombre desconocemos, hemos olvidado o no queremos dar por alguna razón:

¿Qué es **eso**?
¿Cómo se llama **aquello**?
Esto es una cámara de vídeo.

5. Gracias a los demostrativos, se divide el espacio en tres ámbitos:

– este: **próximo** al hablante:
Estas gafas no son mías.

– ese: **intermedio o próximo** al hablante:
Esos zapatos son bonitos.

– aquel: **lejos** del hablante y del oyente:
Aquél es mi coche.

 6 LOS POSESIVOS

1. Las formas del posesivo vienen determinadas por:

a) El poseedor (yo, tú, él, nosotros, María, etc.).

b) El género y el número de lo poseído.

c) La posición del posesivo y su función:

– seguido de sustantivo: Es **mi** hijo.

– no seguido de sustantivo: Es un buen amigo **mío**.
Éste no es mi libro; el **mío** es más grande.

2. En los dos cuadros puede observarse la clasificación de las distintas formas de los posesivos:

Seguido de sustantivo

Persona del poseedor	con nombre singular		con nombre plural	
	masc.	fem.	masc.	fem.
yo	mi	mi	mis	mis
tú	tu	tu	tus	tus
él				
ella	su	su	sus	sus
usted				
nosotros, -as	nuestro	nuestra	nuestros	nuestras
vosotros, -as	vuestro	vuestra	vuestros	vuestras
ellos				
ellas	su	su	sus	sus
ustedes				

No seguido de sustantivo

Persona del poseedor	con nombre singular		con nombre plural	
	masc.	fem.	masc.	fem.
yo	mío	mía	míos	mías
tú	tuyo	tuya	tuyos	tuyas
él				
ella	suyo	suya	suyos	suyas
usted				
nosotros, -as	nuestro	nuestra	nuestros	nuestras
vosotros, -as	vuestro	vuestra	vuestros	vuestras
ellos				
ellas	suyo	suya	suyos	suyas
ustedes				

3. Observaciones:

a) Ejemplos de cambio de formas según el poseedor:

Toma **tu** bolígrafo y dáme el **mío**.

Ellos van a ir en **su** coche y nosotros en el **nuestro**.

Usted en **su** habitación y vosotros en la **vuestra**.

Se emplea la misma forma para él, ella y para ellos, ellas, ustedes.

El Rincón de la Gramática

b) Ejemplos de cambio de formas según el género y número de lo poseído:

Su documentación y **sus** billetes, por favor.

—El reloj es **suyo,** pero las gafas no.
—¡Ah!, ¿no son **suyas**?

El cambio de género no se refleja en las formas mi, tu, su; el cambio de número afecta a todas las formas. En español, los posesivos no se ven afectados por el género del poseedor.

c) Ejemplos de cambio de formas según la posición o función del posesivo:

Mi café es éste; ése no es **mío**.

— Hay un papel en **tu** coche.
— Y en el **tuyo** también.

Las formas nuestro y vuestro son comunes para todos los casos.

 LOS INDEFINIDOS

Los indefinidos son palabras de uso frecuente que indican imprecisión, cantidad no bien determinada, y que dejan sin identificar personas y cosas. Veamos algunos de los más usuales.

1. un, una: un cuchillo , una cuchara
   unos, unas: unos paquetes, unas cervezas

Observación: Si se omite el sustantivo al que acompaña, la forma un adopta la forma uno:

— ¿Tienes hijos?
— Sí, tengo **uno.**

— ¿Qué bolígrafo quieres?
— **Uno** rojo.

2. algún, alguna: **algún** bar, **alguna** ciudad
   algunos, algunas: **algunos** amigos, **algunas** monedas
   algo (= alguna **cosa**):   Dame **algo.**
   alguien (= alguna **persona**): Hay **alguien.**

Formas negativas correspondientes:

algún, -a ,-os, -as → ningún, ninguna: **ningún** cuchillo, **ninguna** cuchara

algo → nada: — ¿Qué hay ahí?
                        — **Nada.**

alguien → nadie: — ¿Quién hay ahí?
                        — **Nadie.**

Combinación de no con esas formas negativas:

No hay **ningún** cuchillo.
No hay **nada.**
No hay **nadie.**

Observación: Si se omite el sustantivo al que acompañan, las formas algún y ningún adoptan las formas alguno y ninguno respectivamente:

Necesito un taller. ¿Hay **alguno** por aquí?

— ¿Cuántos plátanos hay?
— **Ninguno.**

3. poco: poco café
   poca: poca leche
   pocos: pocos libros,
   pocas: pocas cervezas
   poco: come poco (con verbo)
                 poco grande (con adjetivo)
                 poco bien (con adverbio)
   un poco: descansa un poco (con verbo)
                 un poco pequeña (con adjetivo)
                 un poco **de** leche (con sustantivo)

4. mucho: mucho café
   mucha: mucha leche
   muchos: muchos libros
   muchas: muchas cervezas
   mucho/muy: come mucho (con verbo)
                 muy grande (con adjetivo)
                 muy bien (con adverbio)

5. todo: todo el libro
   toda: toda la leche
   todos: todos los chicos
   todas: todas las calles
   todo (= todas las cosas):   dame todo

Observación: Las formas de todo van seguidas del artículo cuando acompaña al sustantivo.

 8   **LOS NUMERALES CARDINALES**

1 uno, -a	11 once	21 veintiuno	31 treinta y uno, -a	300 trescientos, -as
2 dos	12 doce	22 veintidós	40 cuarenta	500 quinientos, -as
3 tres	13 trece	23 veintitrés	50 cincuenta	600 seiscientos, -as
4 cuatro	14 catorce	24 veinticuatro	60 sesenta	700 setecientos, -as
5 cinco	15 quince	25 veinticinco	70 setenta	800 ochocientos, -as
6 seis	16 dieciséis	26 veintiséis	80 ochenta	900 novecientos, -as
7 siete	17 diecisiete	27 veintisiete	90 noventa	1.000 mil
8 ocho	18 dieciocho	28 veintiocho	100 cien	2.000 dos mil
9 nueve	19 diecinueve	29 veintinueve	101 ciento uno, -a	1.000.000 un millón
10 diez	20 veinte	30 treinta	200 doscientos, -as	2.000.000 dos millones, etc.

Observaciones:

a) Delante de sustantivo, uno se convierte en un:

    veinti**uno** → veinti**ún** libros
    cuarenta y **uno** → cuarenta y **un** libros

b) Todos los números acabados en -uno así como las centenas tienen variación de género:

    veinti**ún** bolígrafos   veintiun**a** pesetas
    doscient**os** bolígrafos   doscient**as** pesetas

c) Las decenas y las unidades van siempre unidas por la conjunción y excepto en los números veintiuno a veintinueve.

    58 = cincuenta **y** ocho pesetas
    479 = cuatrocientos setenta **y** nueve bolígrafos
    1.683 = mil seiscientas ochenta **y** tres pesetas

En el resto de los casos esta conjunción no aparece:

    101 = ciento un niños   470 = cuatrocientas setenta pesetas

d) En español se emplea un punto para separar los millares: 2.000, 30.000.

El Rincón de la Gramática

 LOS NUMERALES ORDINALES

primero (1º), primera (1ª)	sexto (6º), sexta (6ª)
segundo (2º), segunda (2ª)	séptimo (7º), séptima (7ª)
tercero (3º), tercera (3ª)	octavo (8º), octava (8ª)
cuarto (4º), cuarta (4ª)	noveno (9º), novena (9ª)
quinto (5º), quinta (5ª)	décimo (10º), décima (10ª)

Observación: Delante de sustantivo, primero y tercero se convierten en primer y tercer respectivamente:

primero → piso **primero** → **primer** piso

tercero → piso **tercero** → **tercer** piso

 LOS PRONOMBRES PERSONALES

A	B	C	D	E
yo	me			mí, conmigo
tú	te			ti, contigo
usted	lo, la	le	se	usted
él, ella				él, ella
nosotros, -as	nos			nosotros, -as
vosotros, -as	os			vosotros, -as
ustedes	los, las	les	se	ustedes
ellos, -as				ellos, ellas

1. El cuadro adjunto presenta las distintas formas de los pronombres personales.

– Columna A: pronombres sujeto.

Yo soy de Barcelona, ¿y **tú**?

En español no es necesario que el pronombre personal sujeto aparezca sistemáticamente junto al verbo. Las formas de éste, distintas según la persona, señalan por sí solas al sujeto:

teng**o** → **yo**   vien**es** → **tú**

Es más corriente decir Tengo dos hijos o Estoy comiendo que Yo tengo dos hijos o Yo estoy comiendo.

– Columna B: pronombres objeto directo.

Necesito <u>un libro</u>. → **Lo** necesito.

Los pronombres personales objeto directo de la tercera persona, tanto del singular como del plural, tienen una forma para el masculino y otra para el femenino:

Necesito <u>este libro</u>. → **Lo** necesito.

Necesito <u>la camisa</u>. → **La** necesito.

Necesito <u>los billetes</u>. → **Los** necesito.

Necesito <u>las gafas</u>. → **Las** necesito.

– Columna C: pronombres objeto indirecto.

Da ese libro <u>a Carlos</u>. → Dá**le** ese libro.

¿**Nos** cobra esto?

– Columna D: pronombres reflexivos. Se usan con los verbos pronominales.

ir**se** → **Me** voy.

probar**se** → ¿Por qué no **te** lo pruebas?

– Columna E: pronombres que se usan detrás de las distintas preposiciones (para, con, de, en, etc.).

Esto es para **ti**.

¿Vienes con **nosotros**?

En el caso de con, la primera y segunda personas del singular adoptan unas formas especiales –conmigo y contigo respectivamente–:

Vengan **conmigo**.

Están hablando **contigo**.

2. Los pronombres de objeto directo, objeto indirecto y los reflexivos (columnas B, C y D) van normalmente antes del verbo:

> **La** encontramos.
>
> **Se** llama Juan.

Sin embargo, cuando el verbo está en imperativo, estos pronombres se colocan detrás y se escriben unidos al verbo:

> ¿**Lo** compras mañana? → Cómpra**lo** mañana.
>
> ¿**Me** da un kilo de fresas? → Dé**me** un kilo de fresas.
>
> **Me** llamo Manuel. → Pero lláma**me** Manolo.

Con estar + gerundio e ir + infinitivo, los pronombres pueden ir tanto delante del primer verbo, como detrás del segundo. En este último caso, se escriben unidos a este segundo verbo.

> **Me** están llamando. → Están llamándo**me**.
>
> **Lo** voy a leer. → Voy a leer**lo**.

LA FORMA SE

1. En español, empleamos la forma se en "construcciones impersonales", es decir, en las que no se quiere mencionar o se ignora el sujeto concreto de la acción o en las que se atribuye la acción a un sujeto muy general. Observemos la diferencia entre:

> Felipe habla español. / En Argentina **se** habla español.

En el primer ejemplo, el sujeto de la acción es Felipe; en el segundo, la forma se remite a un sujeto general: "los habitantes, la gente,... de Argentina".

Otro ejemplo: veamos la diferencia entre:

> No puedo aparcar aquí. / No **se** puede aparcar aquí.

En el primer ejemplo, el sujeto de la acción es yo; en el segundo, la forma se sirve para formular una imposibilidad de carácter general y de destinatario universal.

2. Normalmente, el verbo se emplea en tercera persona del singular. Pero, si va seguido de un sustantivo en plural, el verbo deberá estar en tercera persona del plural:

> **Se** necesit**a** emplead**o**. / **Se** necesit**an** secretaria**s**.
>
> ¿**Se** pued**e** fumar? / ¿**Se** pued**en** hacer foto**s** aquí?
>
> **Se** le**e** mucho el periódico. / **Se** le**en** pocos libro**s**.

LOS INTERROGATIVOS

1. Formas:

> quién, quiénes
> cuál, cuáles
> qué
> cuánto
> cuánto, cuánta, cuántos, cuántas
> cómo
> dónde

El Rincón de la Gramática

2. Usos:

a) Quién (masculino y femenino singular) y quiénes (masculino y femenino plural) se emplean para preguntar por la identidad de las personas:

— ¿**Quién** es esa chica?
— Carmen.

— ¿**Quiénes** son esos señores?
— Mis padres.

b) Cuál (masculino y femenino singular) y cuáles (masculino y femenino plural) se emplean cuando se trata de identificar una cosa entre varias de la misma clase:

— ¿**Cuál** es tu vestido?
— El de la derecha.

—¿**Cuáles** son tus zapatos?
—Los negros.

Observación: En la lengua coloquial, cuál/cuáles puede sustituir a quién/quiénes cuando se desea identificar a una o varias personas entre varias:

¿**Cuáles** son tus padres?

c) Qué es una forma invariable, con varios usos.

Seguida de un sustantivo, tiene el mismo valor que cuál/cuáles:

¿**Qué** vestido? → ¿**Qué** vestido es el tuyo?
                  ¿**Cuál** es tu vestido?

¿**Qué** zapatos? → ¿**Qué** zapatos son los tuyos?
                  ¿**Cuáles** son tus zapatos?

Qué se emplea también sin sustantivo. En este caso, referido a personas, se usa para preguntar por la profesión. Observa la diferencia entre:

¿**Qué** es tu padre?   (= ¿**Cuál** es su profesión?)
¿**Quién** es tu padre? (= ¿**Cuál** de ellos es tu padre?)

Referido a cosas, qué tiene el valor neutro (= ¿qué cosa?):

¿**Qué** van a tomar? (= ¿**Qué cosa** van a tomar?)
¿**Qué** desea?
¿**Qué** hay en la maleta?
¿**Qué** estás haciendo?
¿**Qué** es eso?
¿**Qué** es un transistor?
¿**Qué** pasa?

d) Cuánto sirve para preguntar por la cantidad.

Cuando acompaña al verbo es invariable:

¿**Cuánto** cuesta esta camisa?
¿**Cuánto** es?
¿**Cuánto** es todo?
¿A **cuánto** están las naranjas?
¿**Cuánto** cuesta?

Cuando acompaña al sustantivo, acusa los cambios de género y número propios de un adjetivo:

¿**Cuánto** dinero tienes?
¿**Cuánta** agua hay?
¿**Cuántos** años tienes?
¿**Cuántas** hermanas tienes?

e) Cómo, invariable, sirve para preguntar por el modo o la manera:

> ¿**Cómo** se escribe tu nombre?
> ¿**Cómo** se abre esto?

Cómo y qué pueden emplearse para solicitar la repetición de algo que no hemos entendido bien.

f) Dónde, invariable también, sirve para preguntar por el lugar:

> ¿**Dónde** está el baño?
> ¿**Dónde** vives?

Dónde puede ir precedido de una preposición:

> — ¿**A dónde** vas?
> — A casa.
> — ¿**De dónde** vienes?
> — De la oficina.

13 LAS CONJUGACIONES VERBALES

En español, distinguimos tres conjugaciones verbales: la "primera conjugación" recoge los verbos cuyos infinitivos terminan en -AR (comprar); la "segunda conjugación" recoge los verbos cuyos infinitivos terminan en -ER (comer); y la "tercera conjugación" recoge los verbos cuyos infinitivos terminan en -IR (vivir).

Como en otras lenguas, el español distingue unos verbos "regulares" y otros "irregulares". Estos últimos se indicarán en el apartado de vocabulario mediante la abreviatura (v.i.).

14 LA VARIABILIDAD DEL VERBO

En español, el verbo presenta una gran multiplicidad de formas que obedecen a:

1. La existencia de tres conjugaciones y, por tanto, de tres modalidades de flexión.

2. La existencia de distintos tiempos y modos verbales. En este nivel se estudia el presente de indicativo y el imperativo, así como el gerundio y el infinitivo.

3. Las variaciones de persona y número debidas a la concordancia entre el sujeto y el verbo.

15 LA CONCORDANCIA VERBAL

Como hemos adelantado, uno de los factores que contribuye a la diversidad de formas de la conjugación española es la concordancia entre sujeto y verbo.

La forma concreta que adoptan estas variaciones depende de la conjugación a la que pertenece el verbo. Observemos, por ejemplo, lo que sucede en el presente indicativo del verbo vivir.

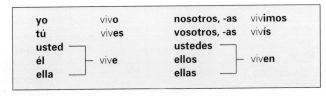

yo	vivo	nosotros, -as	vivimos
tú	vives	vosotros, -as	vivís
usted		ustedes	
él	⎫ vive	ellos	⎫ viven
ella	⎭	ellas	⎭

El Rincón de la Gramática

 EL PRESENTE DE INDICATIVO

1. Los verbos regulares forman su presente de indicativo de la misma manera que los tres verbos que damos como modelo:

	COMPRAR	**COMER**	**VIVIR**
(yo)	compr**o**	com**o**	viv**o**
(tú)	compr**as**	com**es**	viv**es**
(él ella usted)	compr**a**	com**e**	viv**e**
(nosotros, -as)	compr**amos**	com**emos**	viv**imos**
(vosotros, -as)	compr**áis**	com**éis**	viv**ís**
(ellos ellas ustedes)	compr**an**	com**en**	viv**en**

2. Los pronominales se conjugan del mismo modo, pero precedidos del pronombre correspondiente. Ejemplos:

LLAMAR**SE**

me llamo   **nos** llamamos
te llamas   **os** llamáis
se llama   **se** llaman

3. Verbos irregulares en presente de indicativo. En el cuadro siguiente se presentan los verbos que se estudian en este nivel.

	yo	**tú**	**él, ella, usted**	**nosotros, -as**	**vosotros, -as**	**ellos, ellas, ustedes**
cerrar:	cierro	cierras	cierra	cerramos	cerráis	cierran
conseguir:	consigo	consigues	consigue	conseguimos	conseguís	consiguen
contar:	cuento	cuentas	cuenta	contamos	contáis	cuentan
dar:	doy	das	da	damos	dais	dan
decir:	digo	dices	dice	decimos	decís	dicen
despedirse:	(me) despido	(te) despides	(se) despide	(nos) despedimos	(os despedís)	(se despiden)
encender:	enciendo	enciendes	enciende	encendemos	encendéis	encienden
encontrar:	encuentro	encuentras	encuentra	encontramos	encontráis	encuentran
estar:	estoy	estás	está	estamos	estáis	están
hacer:	hago	haces	hace	hacemos	hacéis	hacen
ir/irse:	(me) voy	(te) vas	(se) va	(nos) vamos	(os) vais	(se) van
jugar:	juego	juegas	juega	jugamos	jugáis	juegan
poder:	puedo	puedes	puede	podemos	podéis	pueden
poner/ponerse:	(me) pongo	(te) pones	(se) pone	(nos) ponemos	(os) ponéis	(se) ponen
probar/probarse:	(me) pruebo	(te) pruebas	(se) prueba	(nos) probamos	(os) probáis	(se) prueban
querer:	quiero	quieres	quiere	queremos	queréis	quieren
recordar:	recuerdo	recuerdas	recuerda	recordamos	recordáis	recuerdan
saber:	sé	sabes	sabe	sabemos	sabéis	saben
salir:	salgo	sales	sale	salimos	salís	salen
sentarse:	me siento	te sientas	se sienta	nos sentamos	os sentáis	se sientan
sentir:	siento	sientes	siente	sentimos	sentís	sienten
ser:	soy	eres	es	somos	sois	son
tener:	tengo	tienes	tiene	tenemos	tenéis	tienen
traer:	traigo	traes	trae	traemos	traéis	traen
venir:	vengo	vienes	viene	venimos	venís	vienen
ver:	veo	ves	ve	vemos	veis	ven
volver:	vuelvo	vuelves	vuelve	volvemos	volvéis	vuelven

EL IMPERATIVO

1. Formas imperativas de los verbos regulares:

		HABL**AR**	BEB**ER**	SUB**IR**
tú	→	habl**a**	beb**e**	sub**e**
usted	→	habl**e**	beb**a**	sub**a**
vosotros, -as	→	habl**ad**	beb**ed**	sub**id**
ustedes	→	habl**en**	beb**an**	sub**an**

2. Las formas negativas del imperativo varían en el caso de tú/vosotros, pero se mantienen en el caso de usted/ustedes:

tú	→	no habl**es**	no beb**as**	no sub**as**
usted	→	no hable	no beba	no suba
vosotros, -as	→	no habl**éis**	no beb**áis**	no sub**áis**
ustedes	→	no hablen	no beban	no suban

3. Verbos irregulares en imperativo. En el cuadro adjunto siguiente se presentan los verbos que se estudian en este nivel.

En el cuadro sólo se dan las formas negativas correspondientes a tú/vosotros.

	FORMA AFIRMATIVA				FORMA NEGATIVA	
	tú	usted	vosotros, -as	ustedes	(no) tú	(no) vosotros, -as
cerrar:	cierra	cierre	cerrad	cierren	no cierres	no cerréis
conseguir:	consigue	consiga	conseguid	consigan	no consigas	no consigáis
contar:	cuenta	cuente	contad	cuenten	no cuentes	no contéis
dar:	da	dé	dad	den	no des	no deis
decir:	di	diga	decid	digan	no digas	no digáis
despedirse:	despídete	despídase	despedios	despídanse	no despidas	no despidáis
encender:	enciende	encienda	encended	enciendan	no enciendas	no encendáis
encontrar:	encuentra	encuentre	encontrad	encuentren	no encuentres	no encontréis
hacer:	haz	haga	haced	hagan	no hagas	no hagáis
ir:	ve	vaya	id	vayan	no vayas	no vayáis
irse:	vete	váyase	(idos)	váyanse	no te vayas	no os vayáis
jugar:	juega	juegue	jugad	jueguen	no juegues	no juguéis
poner:	pon	ponga	poned	pongan	no pongas	no pongáis
ponerse:	ponte	póngase	poneos	pónganse	no te pongas	no os pongáis
probar:	prueba	pruebe	probad	prueben	no pruebes	no probéis
probarse:	pruébate	pruébese	probaos	pruébense	no te pruebes	no os probéis
recordar:	recuerda	recuerde	recordad	recuerden	no recuerdes	no recordéis
salir:	sal	salga	salid	salgan	no salgas	no salgáis
sentarse:	siéntate	siéntese	sentaos	siéntense	no te sientes	no os sentéis
ser:	sé	sea	sed	sean	no seas	no séais
tener:	ten	tenga	tened	tengan	no tengas	no tengáis
traer:	trae	traiga	traed	traigan	no traigan	no traigáis
venir:	ven	venga	venid	vengan	no vengas	no vengáis
ver:	(ve)	vea	ved	vean	no veas	no veáis
volver:	vuelve	vuelva	volved	vuelvan	no vuelvas	no volváis

4. En el punto 10 (pronombres personales) vimos que, en el caso del imperativo, el pronombre complemento se coloca detrás del verbo: tráe**lo**, dad**me**, escríbe**nos**. Pero cuando se trata del imperativo negativo, el pronombre complemento se mantiene delante del verbo: no **lo** traigas, no **me** deis, no **nos** escribáis.

5. Observa especialmente cómo se construye el imperativo de los verbos pronominales y fíjate en los cambios que se producen:

	→ siéntate			pruébate
	→ siéntese			pruébese
senta**d** + **os** →	sentaos	proba**d** + **os** →		probaos
	→ siéntense			pruébense

EL GERUNDIO

1. Formación del gerundio de los verbos regulares:

compr**ar** → compr**ando**

com**er** → com**iendo**

viv**ir** → viv**iendo**

2. Gerundios irregulares (sólo los presentados en este nivel):

ir → yendo

irse → yéndose

leer → leyendo

poder → pudiendo

traer → trayendo

venir → viniendo

 LAS FORMAS DE TRATAMIENTO

1. En español hay dos formas de tratamiento para dirigirse a los demás. Si entre los interlocutores existen diferencias de estatus socioeconómico o de edad, lo corriente es emplear la forma usted (en plural, ustedes). Por el contrario, cuando tales diferencias no existen o no se tienen en cuenta (por ejemplo, en el trato de familia, de amigos o compañeros), es adecuado el uso de tú (en plural vosotros, -as). Este uso de tú, que llamamos tuteo, gana cada vez más terreno en España: no obstante, en caso de duda, conviene usar la forma usted, más educada y respetuosa.

Esta norma concierne al español de España, tomado como modelo en este curso. Existen, sin embargo, variantes en algunas zonas de España (Canarias) y en América en que no se usan las formas vosotros, -as y el único tratamiento plural es ustedes.

2. Cualquiera de estas dos formas de tratamiento repercute en la forma de otras palabras: verbos, posesivos y pronombres. En concreto:

a) Las formas de los verbos, de los posesivos y de los pronombres complemento que corresponden a usted son las que corresponden a él/ella; y con ustedes se usan las de ellos/ellas:

usted
él | viv**e**   ustedes
ellos | viv**en**

su billete
el billete es **suyo** } de él, de ella, de usted,
de ellos, de ellas, de ustedes

usted
él | **se** llama

b) Las formas de imperativo que se usan con tú y vosotros, -as son distintas de las que se usan con usted y ustedes:

tú → habla   vosotros → hablad

usted → habl**e**   ustedes → hable**n**

3. Ya hemos dicho que, normalmente, se omiten los pronombres personales sujeto (yo, tú, etc.): ¿Cómo te llamas? No obstante, el uso de usted/ ustedes es más frecuente que el de los demás pronombres: ¿Cómo se llama usted?

SER Y ESTAR

1. El español diferencia en su uso dos verbos, ser y estar, para cuestiones que en otras lenguas sólo precisan de uno. En este nivel hemos visto:

2. Usos de ser:

   a) Para identificar o presentar a las personas (pregunta: ¿quién?):

   — ¿Quién **eres**?
   — **Soy** Andrés.
   — **Es** mi hermana.
   — Éste **es** mi jefe.
   — **Es** el niño moreno.

   b) Para identificar las cosas o decir cómo se llaman (pregunta: ¿qué? o ¿cuál?):

   — ¿Qué **es** eso?
   — Ésta **es** la catedral.
   — Eso **es** un kiwi.
   — ¿Cuál **es** tu libro?
   — **Es** el verde.
   — **Es** el de la derecha.

   c) Para indicar la posesión (pregunta: ¿de quién?):

   — ¿De quién **es** esta maleta?   Este libro **es** de Luis.
   — **Es** mía.

   d) Para indicar la profesión (pregunta: ¿qué?):

   — ¿Qué **es** usted?   — **Soy** profesor.

   e) Para indicar la procedencia u origen de personas o cosas (pregunta: ¿de dónde?):

   — ¿De dónde **es**?
   — **Es** de Barcelona.
   — **Soy** italiano.

   f) Para indicar la fecha o la hora:

   ¿Qué **es** hoy?   — ¿Qué hora **es**?
   Mañana **es** jueves.   — **Son** las dos y media.

   g) Para preguntar o decir el precio de algo en el momento de ir a pagarlo:

   — ¿Cuánto **es**?   — **Son** cuatrocientas pesetas.

3. Usos de estar:

   a) Para localizar las personas o las cosas (pregunta: ¿dónde?):

   — ¿Dónde **está**?
   — **Está** en el bar.
   La cocina **está** allí.

   b) Para hablar de la presencia de una persona o cosa en un sitio:

   — ¿**Está** tu padre en casa?   — No, no **está**.

   c) En las construcciones con gerundio:

   — ¿Qué **estás** haciendo?   — **Estoy** comiendo.

   d) Para indicar la fecha:

   — ¿A qué **estamos**?   — **Estamos** a quince.

   e) Para preguntar o decir el precio de algo cuando éste es muy variable:

   — ¿A cuánto **están** las fresas?   — Hoy **están** a quinientas el kilo.

   f) Para indicar el estado civil:

   — ¿**Está** usted casada?   — No, **estoy** soltera.

UNIDAD 1. Soy Juan Serrano

Ejercicio 1. Marque.

Andrés Cueto. Rafael. Carlos Pérez López. María.

Ejercicio 3. Marque.

¿Qué tal? Hasta luego. Buenas noches. Adiós. Hola.
Buenos días. Buenas tardes.

Ejercicio 7. Repita.

Ésta es mi hermana. Luis Cánovas. Encantada. ¿Qué
tal?

Ejercicio 8. Marque.

1. — Oiga, por favor.
   — Sí, dígame.

2. — Éste es mi hermano... Elena López.
   — Encantado.
   — Encantada.

3. — Manolo... María.
   — Encantada.
   — ¿Qué tal?

4. — Buenos días. Soy Luis Cánovas.
   — Buenos días. Dígame.

5. — Hola, buenas tardes.
   — ¿Qué tal?

Ejercicio 9. Repita. (Texto en la unidad.)

UNIDAD 2. Calle de Goya, 7

Ejercicio 3. Marque.

¿Nombre?: Carmen. ¿Apellidos?: Alonso Casaseca.

¿Nombre?: Juan. ¿Apellidos?: Serrano Ribera.

¿Nombre?: Óscar. ¿Apellidos?: Muñoz López.

¿Nombre?: Marta. ¿Apellidos?: Perez Martín.

Ejercicio 4. Repita. (Texto en la unidad.)

Ejercicio 5. Marque.

Me llamo Elena y vivo en la calle de Málaga número
ocho. Me llamo Emilio Prieto. Vivo en la Plaza Mayor
cinco, primero. Me llamo Alfonso Muñoz. Vivo en la
calle Goya nueve, cuarto piso derecha. Me llamo
Marta Pérez López. Vivo en la Plaza de América siete,
séptimo izquierda.

Ejercicio 9. Conteste.

¿Apellidos? ¿Nombre? ¿Dirección?

Ejercicio 10. Conteste.

¿Apellidos? ¿Nombre? ¿Dirección?

Ejercicio 11. Escriba.

Viernes uno. Sábado dos. Domingo tres. Lunes cuatro. Martes cinco. Miércoles seis. Jueves siete.
Viernes ocho. Sábado nueve. Domingo diez.

Ejercicio 12. Marque.

Hasta el martes. Hasta el sábado. Hasta el día ocho.
Hasta mañana.

Ejercicio 13. Escriba.

Número uno: hospital. Número dos: hotel Imperial.
Número tres: estación. Número cuatro: aeropuerto.

Ejercicio 14. Conteste.

¿Adónde vamos? ¿Adónde vamos? ¿Adónde vamos?

UNIDAD 3. ¿Dónde está?

Ejercicio 6. Escriba.

Juan está aquí. ¿Está aquí Juan? Carmen está en la
oficina. ¿Está Carmen en la oficina? ¿Dónde está el
baño? El baño está allí.

Ejercicio 10. Marque.

Veinte. Once. Dieciocho. Quince. Dieciséis. Doce.
Diecisiete. Trece. Cinco. Diecinueve. Siete. Diez.
Catorce.

Ejercicio 11. Escriba.

Once, quince, mil. Siete, diecinueve, diez. Cinco mil,
catorce, doce. Veinte, tres, trece. Dieciséis, dieciocho, diecisiete.

UNIDAD 4. ¿De quién es?

Ejercicio 1. Marque.

La casa es del hijo y de la hija. La casa es de los padres. La casa es de los hijos. La casa es de la madre.

Ejercicio 2. Conteste.

¿De quién es la chaqueta? ¿De quién es el coche? ¿De
quién son las maletas? ¿De quién son los bolígrafos?

Ejercicio 9. Conteste.

¿Cómo se escribe su nombre? ¿Cómo se escribe su
apellido?

Ejercicio 10. Conteste.

¿Cómo se escribe viaje, con be o con uve? ¿Cómo se
escribe viaje, con ge o con jota? ¿Cómo se escribe hijo,
con hache o sin hache? ¿Cómo se escribe novio? ¿Cómo
se escribe cinco? ¿Cómo se escribe mujer, con ge o con
jota? ¿Cómo se escribe quince, con ce o con ese?

Ejercicio 12. Conteste.

1. ¿Qué va a tomar? 2. Documentación, por favor. 3. Un vaso de leche. 4. Dos cervezas, por favor. 5. Dos habitaciones individuales. 6. Póngame un té. 7. ¿Me da su pasaporte? 8. Dos zumos de naranja y un café sólo.

Ejercicio 14. Conteste.

¿Tiene usted teléfono?

UNIDAD 5. ¿A dónde va Juan?

Ejercicio 3. Marque.

— ¿Qué hay ahí?
— Pan y fruta.
— ¿Y allí?
— Hay aceite, huevos y dos botellas de cerveza.
— ¿Y qué hay en el frigorífico?
— No hay nada.

Ejercicio 4. Conteste.

1. En la Plaza Mayor hay una farmacia.

2. En la Gran Vía hay una iglesia.

3. En la calle Mayor hay un banco y en la calle de la Libertad, un hospital.

4. En la Plaza Nueva hay una gasolinera.

Ejercicio 8. Conteste.

— ¿Puedo coger esta naranja?

— ¿Puedo fumar aquí?
— No, señora.

— ¿Puedo meter la maleta aquí?
— Sí, claro.

— ¿Podemos poner los libros aquí?
— Bueno.

— ¿Puedo entrar?

Ejercicio 10. Marque.

Haga deporte. Vaya despacio. Mire. No fume. Pruebe este café. Tenga cuidado.

Ejercicio 11. Conteste. (Ver texto ejercicio 10.)

UNIDAD 6. De "tú", por favor

Ejercicio 1. Marque.

¿Quieres agua? Y tú, ¿dónde vives? ¿Es tuyo? ¿Me da su pasaporte? ¿Cómo se llama usted?

UNIDAD 7. ¿De dónde vienes?

Ejercicio 2. Marque.

1. El chico viene de la calle. 2. La mujer viene de la oficina. 3. El hombre viene del hotel. 4. La mujer viene del aeropuerto. 5. El hombre viene del hospital. 6. El chico viene de la playa. 7. La mujer viene del camping.

Ejercicio 6. Escriba.

— ¡Puf!
— ¿Qué pasa?
— Que no hay gasolina sin plomo.

— ¿Qué pasa?
— Nada, hijo, que tu padre está aparcando.

— ¿Qué pasa?
— ¡Mi dinero!

— ¿Qué pasa?
— Nada, una avería

Ejercicio 10. Marque.

Cien. Ochocientos tres. Ciento veintiuno. Novecientos uno. Doscientos cuarenta y tres. Trescientos cincuenta. Setecientos setenta y cinco. Seiscientos veinticinco. Cuatrocientos noventa y nueve. Quinientos.

UNIDAD 8. Van a llegar

Ejercicio 4. Marque.

Necesito unos zapatos nuevos. Necesitamos libros nuevos. Necesitan papel. Necesitáis un coche. Necesitamos las llaves. Necesitas un cigarro. ¡Achí! Necesita un pañuelo.

Ejercicio 8. Escuche.

— Pasa, pasa.
— No, no, tú primero, por favor.
— ¿Qué vas a tomar?
— ¿Puedes hablar más alto?
— ¿Qué vas a tomar?
— Más bajo, por favor.
— ¿Cuánto es?
— Son doscientas cincuenta pesetas.

Ejercicio 9. Conteste.

1. ¿Cómo se llama usted? ¿Cómo se llama usted?

2. Dame fuego. Dame fuego.

3. ¿Se puede aparcar aquí? ¿Se puede aparcar aquí?

Ejercicio 10. Pregunte y marque.

Mil seiscientas cincuenta pesetas. Son ciento veinticinco pesetas. Mil ochocientas noventa pesetas.

REPASO 1

Ejercicio 1. Escriba.

— Vengan, vengan ustedes conmigo. Niños, venid también vosotros. ¡Despacio, no corráis! Mirad. Miren también ustedes.
— ¿Qué estás haciendo?
— Estoy hablando con ellos.
— ¿Qué es eso?
— ¿Esto? Una máquina de fotos. Toma. Pero no toques esto.

— ¿Me pasas la sal, por favor?
— Aquí no hay.
— ¿Me pasa usted la sal, por favor?
— Tome usted.
— Gracias.

— ¿Qué es una ensalada tropical?
— Mire, esto es una ensalada tropical.

Ejercicio 3. Marque.

El hermano de Felipe está hablando con una mujer. Mis padres están escuchando la radio. Luis está comiendo. El señor Fernández está aparcando el coche. Aquel chico está fumando.

Ejercicio 5. Escriba.

Vino, cerveza, pollo. Pan, cuchara, tenedor. Sal, cuchillo, azúcar. Ensalada, tomates, café.

Ejercicio 9. Conteste.

¿Cómo se llama usted? ¿Es suyo este coche? ¿Dónde están los cigarros? ¿Cómo se escribe su apellido? ¿De quién son estas gafas? ¿Adónde va este tren? ¿Quiere usted una cerveza? ¿Hay alguna farmacia por aquí? ¿Qué es eso? ¿Me pasas el tenedor, por favor? ¿Qué pasa? ¿De dónde viene David? ¿Cuánto es todo? ¿Se puede fumar aquí?

UNIDAD 9. ¿Quién es ése?

Ejercicio1. Marque.

Carlos es sobrino de Juan y de María. Los tíos de Carlos son Juan y María. Carlos es primo de Carmen y de Julián. Carlos es primo de Ana. Los abuelos de Carlos se llaman Carmen y Julián. Carlos es nieto de Ana.

Ejercicio 2. Pregunte y marque.

El cartero. El profesor de su hijo. El mecánico. La policía.

Ejercicio 4. Conteste.

Dame el bolígrafo. Dame las gafas. Dame el dinero. Dame el periódico. Dame la cuchara.

Ejercicio 5. Marque.

— ¿Cuál es la chica?
— La de la derecha.

— ¿Cuál es el coche de Juan?
— El último.

— ¿Cuál es el bolígrafo de Ana?
— El segundo por la derecha.

— ¿Quién es el chico?
— El de la izquierda.

— ¿Cuáles son tus gafas?
— Las de arriba.

Ejercicio 10. Escriba.

¿De dónde son ustedes? Y tú, ¿de dónde eres? ¿De dónde sois vosotros? Y usted, ¿de dónde es?

Ejercicio 13. Escriba.

— Oiga, ¿quién es ese señor?
— Es el padre de la novia, y la de la derecha es su mujer, la madre de la novia.
— ¿Y ésa de la izquierda, la del vestido azul?
— Elizabeth, la madre del novio.
— Elizabeth. ¿De dónde es?
— Inglesa.

— ¡Qué bonito es el vestido!
— ¿Cuál?
— El de la novia, hombre.
— Ah, sí, sí... muy bonito. Oye, ¿quién es ese señor?
— ¿Quién?
— Ése, el de gris.
— El cura.

UNIDAD 10. ¿Qué día es hoy?

Ejercicio 1. Marque.

— ¿Qué día es hoy?
— Jueves.

— ¿Qué día es hoy?
— Veintiocho.

Hoy es lunes. Hoy es veinticinco. Hoy es sábado. Hoy es treinta.

Ejercicio 3. Escuche.

— Elena, ¿qué día es hoy?
— Pues domingo.
— Ya, mujer, ya. Pero ¿a qué día estamos?
— A veintidós.
— No, hijo, no. Estamos a veintitrés.

Ejercicio 5. Repita.

— ¿Qué hora es?
— Son las cinco.

Son las cinco menos veinte. Son las doce.

Transcripción de la casete A

Ejercicio 7. Escriba.

En Madrid son las dos de la tarde. En Las Palmas es la una de la tarde. En Moscú son las cuatro de la tarde. En Tokio son las diez de la noche. En Pekín son las nueve de la noche. En Nueva York son las ocho de la mañana. En Buenos Aires son las diez de la mañana.

Ejercicio 11. Escuche.

— Las ocho y media. ¿Nos vamos?
— Vale.
— Muy bien.
— Os invito a una copa.
— Bueno.
— Yo no puedo. Es tarde.
— Gracias por la copa. Hasta luego.
— Adiós. Hasta mañana.

Ejercicio 13. Escriba.

¿Vemos esa película?   Te invito a un helado.   ¿Bailamos?   ¿Quiere usted un café?

UNIDAD 11. ¿Cuánto cuesta éste?

Ejercicio 1. Pregunte, escriba y conteste.

1. — ¿El jersey? Ocho mil seiscientas.

2. — ¿El bolso? Siete mil quinientas cincuenta.

3. — ¿Las postales? Veinticinco pesetas.

4. — ¿La merluza? Tres mil cien el kilo.

Ejercicio 3. Conteste.

Buenas tardes. ¿Qué desea?   Hola. ¿Qué desea? Buenos días. Hola. Buenos días. Buenas tardes.

Ejercicio 6. Pregunte.

Necesito naranjas. Necesito huevos. Necesito vino. Necesito agua. Necesito vasos. Necesito tomates. Necesito gasolina. Necesito carne. Necesito dinero. Necesito sellos.

Ejercicio 11. Escriba.

— Buenos días.
— Buenos días. ¿Me da unas fresas?
— Sí, señor. ¿Cuántas quiere?
— Humm... ¿A cuánto están?
— A trescientas cincuenta el kilo.
— ¡Qué caras!
— ¿Cómo dice?
— Que son muy caras. Bueno, póngame medio kilo.
— Muy bien. Medio kilo de fresas.
— Póngame también naranjas.
— ¿Cuántas quiere?

— Dos kilos y medio.
— De acuerdo.
— Oiga, ¿cómo se llama eso?
— ¿Esto? Chirimoyas
— Déme una, por favor.
— Tome.
— Gracias. ¿Cuánto es todo?
— Quinientas veinticinco pesetas, señor.
— Tome. Muchas gracias. Adiós.
— Adiós, hasta luego.

UNIDAD 12. Pero, ¿qué es usted?

Ejercicio 1. Marque.

Profesora. Cartero. Enfermero. Vendedora. Periodista. Empleado de banco. Camarera.

Ejercicio 4. Conteste.

¿Tiene usted coche? ¿Tiene usted casa? ¿Tiene usted cámara de vídeo? ¿Tiene usted televisión? ¿Tiene usted casete? ¿Tiene usted dinero? ¿Tiene usted bolígrafo? ¿Tiene usted teléfono?

Ejercicio 7. Conteste.

¿Tiene usted hijos? ¿Tiene usted jefe? ¿Tiene usted sobrinos? ¿Tiene usted amigos? ¿Tiene usted amigas?

Ejercicio 14. Conteste.

¿Nombre? ¿Apellidos? ¿Dirección? ¿Teléfono? ¿Profesión? ¿Edad? ¿Estado Civil?

UNIDAD 13. ¿Tiene algo para la garganta?

Ejercicio 1. Marque.

¿Tiene rosas rojas? Hay cerveza alemana. Tenemos paella. Hay hojas de reclamaciones. ¿Tienen ensalada? Hay pollos asados.

Ejercicio 5. Escuche.

— Buenos días. ¿Qué van a tomar?
— ¿Tienen paella?
— Lo siento, señor. Hoy no hay.
— Bueno, entonces, yo voy a tomar de primero una ensalada, y de segundo, un filete de ternera.
— De primero, también ensalada, y de segundo, pollo asado.
— Él, de primero, entremeses, y de segundo merluza.
— Lo siento, no hablo español. ¿Habla usted alemán?
— La cuenta, por favor.

REPASO 2

Ejercicio 4. Escriba.

— Oye, chico, ¿me pasas la sal, por favor?
— Aquí no hay. Lo siento. Un momento. Oiga, señor, ¿me pasa usted la sal?
— Toma.
— Tome usted. Aquí está la sal.
— Ah, muchas gracias. Perdona, necesito también un cuchillo.
— Por aquí no hay ninguno.
— Mira, ahí, a la derecha hay uno. Por favor, dámelo.
— Ése es del señor de la barba.
— ¿De quién es?
— Del de la barba.
— ¡Ah! Vale, vale. Camarero, por favor, oiga. ¿Puede traerme un cuchillo? No tengo.
— ¡Huy! Perdone usted. Tome; su cuchillo, señor.
— Muchas gracias.
— De nada.
— ¿Qué está comiendo?
— Esto.
— Sí, claro. ¿Pero qué es eso?
— ¿Esto? Una ensalada tropical.
— ¿Y qué es una ensalada tropical?
— Esto. ¿Quieres un poco? Toma, prueba.
— ¡Mm! ¿Puedo coger otro poco?
— Claro, claro. Toma.

Vocabulario

Las palabras presentadas en estas listas aparecen por primera vez en el LIBRO en la unidad donde quedan recogidas. Ciertas palabras pueden haber sido presentadas en el CUADERNO en unidades anteriores pero no se consideran adquiridas hasta su aparición en el LIBRO.

(m.) = masculino   *(v. i.)* = verbo irregular

(f.) = femenino   *(adv.)* = adverbio

(pl.) = plural

UNIDAD 1

adiós

amigo, -a

buenas noches

buenas tardes

buenos días

dígame

encantado, -a

hasta luego

hermano, -a

hijo, -a

hijos *(m.)*

hola

madre *(f.)*

marido *(m.)*

mujer [≠ marido] *(f.)*

novio, -a

oiga

padre *(m.)*

padres *(m. pl.)*

perdón

por favor

¿qué tal?

ser *(v. i.)*

sí *(adv.)*

● ●

UNIDAD 2

aeropuerto *(m.)*

apellido *(m.)*

calle *(f.)*

cuarto, -a

décimo, -a

de nada

derecha *(f.)*

día *(m.)*

dirección *(f.)*

domingo *(m.)*

estación *(f.)*

estar *(v. i.)*

gracias

hasta mañana

hospital *(m.)*

hotel *(m.)*

ir *(v. i.)*

izquierda *(f.)*

jueves *(m.)*

junio *(m.)*

libre *(m. y f.)*

lunes *(m.)*

llamarse

martes *(m.)*

miércoles *(m.)*

nada

niño, -a

no *(adv.)*

nombre *(m.)*

noveno, -a

número *(m.)*

octavo, -a

perro, -a

piso *(m.)*

preocuparse

primero, -a

puerta *(f.)*

quinto, -a

sábado *(m.)*

segundo, -a

semana *(f.)*

séptimo, -a

sexto, -a

tercero, -a

viernes *(m.)*

vivir

Vocabulario

UNIDAD 3

adelante
ahí *(adv.)*
allí *(adv.)*
aquí *(adv.)*
baño *(m.)*
bolígrafo *(m.)*
cajón *(m.)*
desear
director, -a
doctor, -a

don, doña
entrar
esperar
foto *(f.)*
gafas *(f. pl.)*
jefe *(m. y f.)*
mesa *(f.)*
moneda *(m.)*
moto *(f.)*
oficina *(f.)*

pasar
profesor, -a
secretario, -a
señor, -a
señorita *(f.)*
¿se puede?
sobre *(m.)*

UNIDAD 4

así *(adv.)*
billete *(m.)*
café *(m.)*
café con leche *(m.)*
café solo *(m.)*
casa *(f.)*
cerveza *(f.)*
coche *(m.)*
chaqueta *(f.)*
dar *(v. i.)*

documentación *(f.)*
escribir *(v. i.)*
habitación *(f.)*
habitación con baño
habitación con ducha
habitación doble
habitación individual
libro *(m.)*
maleta *(f.)*
pareja *(f.)*

pasaporte *(m.)*
té *(m.)*
teléfono *(m.)*
tener *(v. i.)*
tomar
viajar
zumo *(m.)*

UNIDAD 5

aceite *(m.)*
agua *(f.)*
aparcamiento *(m.)*
bajar
banco *(m.)*
botella *(f.)*
bueno, -a
cine *(m.)*
claro, -a
coger
comer
chico, -a
chocolate *(m.)*
de acuerdo
despacio *(adv.)*
empleado, -a
farmacia *(f.)*

frigorífico *(m.)*
fruta *(f.)*
fumar
gasolinera *(f.)*
hablar
hacer *(v. i.)*
huevo *(m.)*
iglesia *(f.)*
leche *(f.)*
meter
mirar
mucho *(adv.)*
naranja *(f.)*
pan *(m.)*
parque *(m.)*
plátano *(m.)*
plaza *(f.)*

poco *(adv.)*
poder *(v. i.)*
poner *(v. i.)*
por aquí
probar *(v. i.)*
pueblo *(m.)*
querer *(v. i.)*
sentarse *(v. i.)*
subir
taller *(m.)*
también *(adv.)*
tomate *(m.)*
tren *(m.)*
venir *(v. i.)*

Vocabulario

Unidad 6

abrir *(v. i.)*

autobús *(m.)*

cámara de vídeo *(f.)*

camarero, -a

comprar

correr

cosa *(f.)*

cuchara *(f.)*

cuchillo *(m.)*

ensalada *(f.)*

escuchar

hombre *(m.)*

jugar *(v. i.)*

leer *(v. i.)*

mamá *(f.)*

máquina de fotos *(f.)*

paquete *(m.)*

parar

periódico *(m.)*

sal *(f.)*

sangría *(f.)*

televisión *(f.)*

tenedor *(m.)*

tocar *(v. i.)*

vecino, -a

ver *(v. i.)*

vino *(m.)*

volver *(v. i.)*

zumo de naranja *(m.)*

Unidad 7

a la plancha *(f.)*

asado, -a

aparcar

avería *(f.)*

barco *(m.)*

beber

calamar *(m.)*

camping *(m.)*

catedral *(f.)*

ciudad *(f.)*

clase *(f.)*

cocina *(f.)*

comisaría *(f.)*

cuarto de baño *(m.)*

cuarto de estar *(m.)*

decir *(v. i.)*

dentista *(m. y f.)*

dinero *(m.)*

ducha *(f.)*

encontrar *(v. i.)*

español, -a

folleto *(m.)*

francés, francesa

fresa *(f.)*

frito, -a

gamba *(f.)*

gasolina *(f.)*

jamón *(m.)*

lechuga *(f.)*

mujer [≠ hombre] *(f.)*

pescado *(m.)*

playa *(f.)*

policía [organismo] *(f.)*

pollo *(m.)*

queso *(m.)*

radio *(f.)*

rey, reina

sopa *(f.)*

ternera *(f.)*

tortilla *(f.)*

Unidad 8

abrigo *(m.)*

alto, -a

bajo, -a

balón *(m.)*

cigarro *(m.)*

deporte *(m.)*

estudiar

fuego *(m.)*

hablar alto

hablar bajo

hablar despacio

hablar rápido

hacer deporte

llave *(f.)*

llegar

llover *(v. i.)*

necesitar

nuevo, -a

pañuelo *(m.)*

papel *(m.)*

peseta *(f.)*

visitar

zapato *(m.)*

Vocabulario

UNIDAD 9

abuelo, -a
alemán, alemana
azul *(m. y f.)*
blanco, -a
boda *(f.)*
bonito, -a
camisa *(f.)*
cartero *(m.)*
corbata *(f.)*
cura *(m.)*
delgado, -a
falda *(f.)*
feo, -a

fotógrafo, -a
gordo, -a
gris *(m. y f.)*
guapo, -a
inglés, inglesa
italiano, -a
japonés, japonesa
marrón *(m. y f.)*
mecánico *(m.)*
médico, -a
moreno, -a
negro, -a
nieto, -a

pantalones *(m. pl.)*
pelo *(m.)*
pequeño, -a
primo, -a
rojo, -a
rubio, -a
sobrino, -a
tío, -a
verde *(m. y f.)*
vestido *(m.)*
viejo, -a

●●●●●●●●●●●●●●●●●●●●●●●●●●●●●●●●●●●●●●●

UNIDAD 10

bailar *(v. i.)*
cuarto de hora *(m.)*
cumpleaños *(m.)*
descansar
flor *(f.)*
hora *(f.)*
hoy *(adv.)*
invitar
irse *(v. i.)*
llevar

mañana [parte del
   día] *(f.)*
media hora *(f.)*
mes *(m.)*
minuto *(m.)*
noche *(f.)*
película *(f.)*
regalo *(m.)*
reloj *(m.)*
salir *(v. i.)*

septiembre *(m.)*
tarde [parte del día] *(f.)*
tarde *(adv.)*
todavía *(adv.)*
tomar una copa
ya

●●●●●●●●●●●●●●●●●●●●●●●●●●●●●●●●●●●●●●●

UNIDAD 11

andaluz, -a
atún *(m.)*
azúcar *(m.)*
barato, -a
bocadillo *(m.)*
bolso *(m.)*
botón *(m.)*
calcetín *(m.)*
carne *(f.)*
caro, -a
cepillo de dientes *(m.)*
colonia *(f.)*
costar *(v. i.)*
champú *(m.)*

dentífrico *(m.)*
docena *(f.)*
frutero, -a
gramo *(m.)*
jabón *(m.)*
jersey *(m.)*
kilo *(m.)*
lata *(f.)*
libro de cocina *(m.)*
limón *(m.)*
litro *(m.)*
manzana *(f.)*
medio, -a
merluza *(f.)*

paella *(f.)*
pastel *(m.)*
patata *(f.)*
postal *(f.)*
precio *(m.)*
saber *(v. i.)*
sello *(m.)*
tarta *(f.)*
trozo *(m.)*
vaso *(m.)*
vino tinto *(m.)*

UNIDAD 12

abogado, -a
año *(m.)*
apagar
ayer *(adv.)*
carné *(m.)*
casado, -a
casarse
conseguir *(v. i.)*
divorciado, -a
divorcio *(m.)*
edad *(f.)*
encender *(v. i.)*

enfermero, -a
entrada [de cine] *(f.)*
estado civil *(m.)*
garaje *(m.)*
jardín *(m.)*
luz *(f.)*
morir *(v. i.)*
papá *(m.)*
pasado
pelota *(f.)*
periodista *(m.* y *f.)*
profesión *(f.)*

recepcionista *(m.* y *f.)*
sólo *(adv.)*
soltero, -a
traer *(v. i.)*
vendedor, -a
ventana *(f.)*
vez *(f.)*
viudo, -a

● ●

UNIDAD 13

abuelos *(m. pl.)*
al lado (de) *(adv.)*
alojarse
bañador *(m.)*
bar *(m.)*
cabeza *(f.)*
cartel *(m.)*
centro *(m.)*
cerca (de) *(adv.)*
cerdo *(m.)*
cordero *(m.)*
cuenta *(f.)*
delante (de) *(adv.)*
detrás (de) *(adv.)*
empujar

enfrente (de) *(adv.)*
entremeses *(m. pl.)*
estómago *(m.)*
filete *(m.)*
garganta *(f.)*
gazpacho *(m.)*
helado *(m.)*
hoja *(f.)*
hojas de reclamacio-
    nes *(f. pl.)*
libro de reclamacio-
    nes *(m.)*
mejillón *(m.)*
menú *(m.)*
muela *(f.)*

oído *(m.)*
ojo *(m.)*
paso *(m.)*
patatas fritas *(f. pl.)*
peine *(m.)*
postre *(m.)*
prohibición *(f.)*
restaurante *(m.)*
río *(m.)*
rosa *(f.)*
universidad *(f.)*
vino blanco *(m.)*